연약한 인생이 주님께서
피로 값 주고 사신 영광스러운 교회의
리더가 된다는 것

님께

드림

An Authentic Deacon

참된 집사

그리스도인의 위대한 사명
교회를 위해 충성하는 집사

박성규 목사

익투스

차례

저자 서문 | 8   용어 설명 | 13

1부 집사와 교회

1장
성경적 교회 이해 22
교회는 하나님의 백성이다 | 22   교회는 그리스도의 몸이다 | 25   교회는 거룩한 군대이다 | 28   교회는 거룩한 신부이다 | 37   교회는 이 땅의 희망이다 | 42

2장
성경적 교인 이해 47
그리스도 안에서 한 몸이다 | 47   그리스도 안에서 한 가족이다 | 49   의인인 동시에 죄인이다 | 50   공사 중이다 | 51   아군이다 | 53

3장
성경적 교회 현장 이해 55
신본주의와 인본주의가 충돌하는 현장 | 55   성경적 가치관과 세속적 가치관이 충돌하는 현장 | 59   헌신과 안일이 충돌하는 현장 | 63   젊은 세대와 기성세대가 충돌하는 현장 | 68

2부 집사의 직분

1장
집사직 이해 78

집사라는 용어 | 79   집사직 출발의 배경 | 81   집사직의 교회사적 변천 | 84

2장
집사의 자격 98

디모데전서에서 말하는 집사의 자격 | 98   사도행전에서 말하는 집사의 자격 | 106

3장
집사의 역할 110

집사의 다양한 역할 | 110

"집사의 직분을 잘한 자들은 아름다운 지위와
그리스도 예수 안에 있는 믿음에 큰 담력을 얻느니라"

(딤전 3:13)

3부 집사의 사역

1장
집사 사역의 본질 120

집사는 청지기 | 120   집사와 하나님 나라 | 123   집사 사역의 원리 | 125   집사 사역의 바탕이 되는 은사 | 129   교회 성장을 위한 집사 사역의 전략 | 133

2장
집사 사역의 기능 137

집사가 감당해야 할 기능 | 139

3장
집사 사역의 엔진 그리고 출발점과 종착점 144

튼튼한 엔진 | 145   집사 사역의 출발점인 가정 | 147   집사 사역의 종착점인 일터 | 152   영역주권의 현장인 가정과 일터 | 166

부록

집사 서약의 의미 | 170   집사의 대표기도 | 174   집사의 심방 | 181
긍휼 사역 기획서 | 184   집사 사역 평가 | 186   집사의 회의법 | 189

미주 | 202

저자 서문

오늘도 하나님께서 세우신 교회를 위해 이름 없이 빛도 없이 충성하시는 집사님들을 축복합니다. 피 묻은 그리스도의 복음 위에 세워진 교회를 위해 충성을 다하시는 집사님은 보배로운 분들입니다. 이 책은 그분들을 위해 쓰였습니다.

초등학교 1학년부터 오늘까지 제가 만난 소중한 집사님들, 그분들의 헌신으로 교회는 건강하게 성장했습니다. 교회 각 부서의 책임자로서 교회를 사랑하며 시간과 에너지와 물질을 아끼지 않고 헌신하신 분들의 얼굴이 떠오릅니다. 목회자가 힘들 때 다가와 따뜻하게 손을 잡아주시던 집사님들, 문자로 격려하며 기도로 응원해 주시던 집사님들, 그분들이 없었다면 오늘의 저도 없을 것입니다. 연세가 드셔서도 어린이 전도와 양육을 위해 어린이 전도협회 '새가족반'을 운영하셨던 집사님은 지금도 잊지 못하는 어른이십니다. 주님의 몸 된 교회를 위해 헌신하신 모든 집사님에게 이 책을 헌정(獻呈)합니다.

흔히들 집사의 직분을 장로가 되기 위해 거쳐 가는 중간 단계, 장로보다 낮은 직급으로 이해합니다. 그러나 그렇지 않습니다. 집사 중에는 장로가 되는 분도 있지만, 일생을 집사로 교회를 섬기는 분도 있습니다.

웨스트민스터신학교 전 총장 조지 풀러(George Fuller)는 "집사의 직분은 예수 그리스도 아래 있는 고귀한 부르심이다. 집사들 가운데 몇몇은 나중에 장로가 되기도 하지만, 집사는 장로가 될 훈련을 하는 자리가 아니다. 중요도가 떨어지는 보조적인 직분도 아니다. 교회가 생존하는 데 절대적이고 결정적인 역할을 한다."[1] … 집사가 되는 일은 그리스도인의 위대한 사명이다. 그리스도의 주권 아래서 다른 이들을 섬길 수 있다"[2]라고 했습니다.

벤자민 L. 머클은 『장로와 집사에 관한 40가지 질문』에서 집사의 직분을 장로의 직분보다 낮은 것으로 묘사하는 것은 위험하다고 말합니다. 장로가 되려면 집사가 되어야 한다는 것과 집사가 장로보다 더 낮은 직분이라는 말은 성경 어디에도 없기 때문입니다.

장로와 집사는 기능과 은사의 차이입니다. 장로와 집사에게 주어지는 자격요건은 서로 비슷하지만, 바울은 장로가 되기 위해서 먼저 집사가 되어야 한다고 말하지 않습니다. 장로와 집사의 차이는 계급이 아닌 기능의 차이입니다. 만약 어떤 사람이 가르치는 은사와 행정의 은사가 있고, 디모데전서 3장 1-7절에 언급된 자질이 있다면 장로가 되려고 해야 할 것입니다. 한편 가르치는 은사와 행정의 은사는 없지만 섬기는 일을 즐거워한다면, 집사가 되는 것을 고려해 볼 수 있습니다. 집사가 되는 것은 장로가 되려는 발판(stepping-stone)이 아닙니다. 집사와 장로는 은사가 다른 것입니다.[3]

집사 중에서 가르치는 은사와 행정의 은사가 있는 분은 장로가 되기를 사모하며 하나님의 인도를 받아야 합니다. 하나님의 인도하심 가운데 장로가 되려고 해야 합니다. 그렇지만 나는 원하는데 하나님께서 원하지 않으신다면 장로가 되어서는 안 됩니다. 집사로 교회를 섬기는 것보다 자신과 교회에 오히려 해가 될 수 있기 때문입니다. 하나님의 인도로 장로가 된다는 것은 교회의 리더와 공동체를 통하여 성령님의 인도하심 가운데 선출되는 것입니다. 만약 그렇지 않다 하더라도 집사 직분으로도 충분히 하나님의 뜻을 받들어 교회를 섬기고 건강하게 세울 수 있습니다.

이 책은 총 3부로 구성되어 있습니다.

1부는 집사와 교회에 대해서 다룰 것입니다. 집사가 일생을 섬길 교회는 성경적으로 어떤 곳이며, 그곳에서 함께 하나님을 섬기는 교인들은 어떤 분들인지, 또 집사가 섬길 교회의 현장은 어떤 곳인지를 다루게 될 것입니다.

2부는 집사의 직분에 대해서 다룰 것입니다. 먼저 집사의 직분에 대한 성경적 이해를 알아보고, 더불어 집사가 되기 전에 갖추어야 할 자격이 무엇인지 살펴볼 것입니다. 어떤 점에서 이 자격은 집사가 된 후에 더 노력해야 할 것이기도 합니다. 그리고 집사가 교회 안에서 어떤 역할을 해야 하는지를 다룰 것입니다.

3부는 집사의 사역에 대해서 살펴봅니다. 집사의 사역은 어떤 본질을 갖는지, 또 어떤 기능을 수행해야 하는지, 끝으로 집사 사역의 엔진은 무엇이며, 출발점과 종착점은 어디인지에 대해서 다루게 될 것입니다. 특별히 이 책은 서리 집사도 자신의 성숙을 위해 사용할 수 있습니다.

  부록에는 임직 예식에서 집사가 하나님과 교우들 앞에서 하는 서약의 의미, 집사가 하는 대표 기도와 심방, 긍휼 사역을 준비하는 기획서, 집사 사역 평가, 집사로서 남전도회를 비롯한 회의 인도 방법 등을 실어놓았습니다. 집사의 '예배 인도'에 관해서는 총회에서 발행한 『새표준예배·예식서』를 참고하시면 좋겠습니다.

  책 뒤의 주석은 더 깊은 연구를 위해 근거를 찾아보는 분들과 이 책으로 임직자 교육을 하실 담임목사님들께서 원자료까지 참고하시도록 돕기 위함입니다.

  모든 영광 주님께 올려 드립니다.

2024년 4월

총신대학교 총장

박성규 목사

용어 설명

사회에서 사용되는 집사 | 지금은 잘 사용하지 않지만, 옛날에는 집사라는 직책이 사회에 있었습니다. 우리나라도 부유한 집에서는 집 전체를 관리하는 사람을 집사라고 불렀습니다. 집사(執事)는 한자로 '일을 잡고 일하는 사람'이라는 뜻입니다. 집안의 일을 잡고 집안이 잘 운영되도록 돕는 사람이라는 뜻입니다. 서양에서도 이런 직책이 있었습니다. 그것을 버틀러(Butler), 스튜어드(Steward, 집사 또는 청지기), 체임벌린(Chamberlain, 왕이나 귀족의 집사) 등으로 불렀습니다.[4] 비행기의 승무원을 남성은 스튜어드(Steward), 여성은 스튜어디스(Stewardess)라고 부르는데 다른 말로는 집사라고 부를 수 있을 것입니다. 그들은 하늘을 나는 비행기 안에서 일을 잡고 섬기는 사람들입니다.

교회에서 사용되는 집사 | 교회에서 사용되는 집사도 섬기는 직책입니다. 하나님의 집에서 주인이신 하나님의 뜻을

따라 하나님의 집이 잘 운영되도록 섬기는 것입니다. 기본적으로 집사는 명예직이 아님이 분명합니다. 집사(執事)라는 말 자체가 일을 잡고 일하는 사람이라는 뜻이기 때문입니다. 헬라어로 집사는 '디아코노스'(διάκονος)로서 그 뜻은 '종'(servant), '돕는 자'(helper), '식사를 돕는 웨이터'(waiter at table)입니다.[5] 봉사해야 진정한 집사입니다. 그러나 자기 뜻대로 봉사하는 것이 아니라 주인이신 하나님의 뜻에 따라 봉사해야 합니다.

서리 집사, 안수 집사, 장립 집사 | 항존직 집사를 서리 집사와 구분하기 위해서 안수 집사 또는 장립 집사라고 부르기도 합니다. 서리 집사를 이해하려면 '서리'(署理)라는 말을 알아야 합니다. 서리는 결원이 생겼을 때 그 직무를 대리하는 사람을 가리키는 말입니다. 항존직 집사를 세우려고 하는데 교회에 필요한 만큼 세울 수 없을 때 서리 집사를 세웁니다. 서리 집사는 1년 임시직입니다(『총회 헌법』, IV 정치, 제3장 직원, 제3조 교회의 임시직원, 4. 남녀 서리 집사). 그러나 항존직 집사는 공동의회에서 투표 3분의 2 이상의 찬성을 받아야 피택됩니다(『총회 헌법』, IV 정치, 제13장 장로, 집사 선거 및 임직, 제1조 선거 방법).

항존직 집사를 안수 집사라고 하는 것은 안수받음으로 직분을 받기 때문입니다. 집사직에 대하여 장로교 헌법은 "집사직은 목사와 장로직과 구별되는 직분이니 무흠한 남교인으로 그 지교회 교인들의 택함을 받고 목사에게 안수(按手) 임직을 받는 교회의 항존직(恒存職)이다"(『총회 헌법』, IV. 정치, 제6장 집사, 제1조 집사직)[6]라고 했습니다. 서리 집사와 구별하기 위해 안수 집사라고 합니다.

항존직 집사를 장립 집사라고 하는 것은 교회의 리더로 세워지기 때문입니다. 장립(將立)은 거느릴 장(將)에 세울 립(立)입니다. 거느리도록 세운다는 뜻입니다. 거느린다는 뜻으로 사용되는 단어에 장군(將軍)이 있습니다. 장군은 군을 거느리는 사람입니다. 그러나 여기서 오해하지 말아야 할 것은 장립 집사가 장군처럼 성도들을 거느리는 사람이 아니라는 것입니다. 만왕의 왕이신 예수님은 섬김으로 리더십을 발휘하셨습니다. 항존직 집사를 장립 집사라고 하는 것은 그에게 리더십을 주었다는 뜻입니다. 그러므로 그 리더십은 섬김의 지도력이어야 합니다. 성경에 장립이라고 번역된 본문이 나옵니다.

"너희가 아론 자손인 여호와의 제사장들과 레위 사람들을 쫓아내고 이방 백성들의 풍속을 따라 제사장을 삼지 아니하였느냐 누구를 막론하고 어린 수송아지 한 마리와 숫양 일곱 마리를 끌고 와서 장립을 받고자 하는 자마다 허무한 신들의 제사장이 될 수 있도다"(대하 13:9).

이 구절에서 장립이라는 단어는 히브리어로 '마레'(מלא), 영어로는 '컨시크레이트'(consecrate)입니다.[7] '신성하게 하다', '봉헌하다', '성직에 임명하다'라는 뜻입니다. 히브리어에서 장립은 다음 몇 가지의 뜻이 있습니다. 첫째, 신성하게 자신을 하나님께 드리는 것이며, 둘째, 시간과 생애 등을 하나님께 바치는 것이며, 셋째, 귀한 성직을 받는 것입니다. 우리말로 장립이라고 번역한 것은 리더십을 가지기 때문입니다. 그렇지만 장립 집사는 세상적 리더십을 가지고 성도들을 거느리라는 뜻이 절대로 아닙니다. 자신을 하나님께 드리고 시간과 생애를 바치며 성도들을 섬기는 종이 되어야 한다는 뜻입니다.

항존직 집사를 안수할 때 안수의 의미는 무엇일까요? F. F. 브루스 박사는 이렇게 말합니다. "안수 예식은 구약 성경에서 다음과 같이 사용되었습니다. 축복하기 위하여(창 48:13 이하), 희생 제물을 드릴 때 제물과 드리는 자가 동일시된다는 것을 표현하기 위하여(레 1:4; 3:2; 4:4; 16:21, 등), 사역을 위임하기 위하여(민 27:23) 안수했습니다."[8] 집사에게 안수하는 것은 그들이 집사의 직분을 위임받았다는 것을 보여줍니다. 사도행전 6장 6절에 "사도들 앞에 세우니 사도들이 기도하고 그들에게 안수하니라"고 했습니다. 그러므로 항존직 집사를 안수 집사라고 부를 수 있습니다.

집사의 칭호 | 『총회 헌법』은 집사의 칭호를 아래와 같이 풀이하고 있습니다.
① 시무 집사 : 본 교회에서 임직 혹은 취임 받아 시무하고 있는 집사
② 휴직 집사 : 본 교회에서 집사로 시무하다가 휴직 중에 있거나 혹은 사임된 자
③ 은퇴 집사 : 연로하여 은퇴한 집사
④ 무임 집사 : 타 교회에서 이명 와서 아직 취임을 받지 못한 집사이니, 만 70세 미만인 자는 서리 집사직을 맡을 수 있고, 본 교회에 전입하여 만 2년이 경과하고 공동의회에서 집사로 피선되면 취임식만 행하고 안수 없이 시무 집사가 된다(『총회 헌법』, Ⅳ 정치, 제6장 집사, 제4조 집사의 칭호).

안수 집사와 장립 집사라는 호칭은 관용화되어 사용되는 표현으로, 서리 집사와 구별하기 위한 것입니다. 서리 집

사를 그냥 집사라고 부르기 때문에 항존직 집사는 그것과 구별하여 안수 집사, 또는 장립 집사라고 부릅니다. 서리 집사와 달리 안수하여 임직하기 때문에 안수(按手) 집사라고 부르고, 안수하여 리더십을 부여하였기에 장립(將立) 집사라고 부르는 것입니다. 한국교회 초기에도 장립 집사, 안수 집사라는 명칭을 사용했습니다.

이것을 독노회[9] 기록에서 찾아볼 수 있습니다. 제1회 독노회록(1907년) 노회 세칙 5조에 '장로와 집사를 택하고 안수 위임함'이라고 했습니다. 그러나 교세 통계표에 장립 집사의 명칭이 아예 없습니다.[10] 아직은 장립 집사가 없었던 것으로 보입니다. 제2회 독노회록(1908년) 교세통계표에 비로소 '장립 집사'[11]가 등장합니다. 경기대리회(독노회 시절 지금의 노회 역할을 함)에 1명, 남평안대리회에 8명, 전국에 9명이 있었습니다. 제3회 독노회록(1909년) 교세통계표에서 장립 집사 인원은 변함이 없고[12] 제4회 독노회록(1910년)에서 장립 집사 인원이 증가합니다. 경기대리회가 2명, 남평안대리회 8명, 북전라대리회 7명으로 전국에 17명의 장립 집사가 있었습니다.[13] 총회가 설립되기 직전 해인 1911년, 독노회로는 마지막인 제5회 독노회록 교세통계표에는 경기대리회 2명, 남평안대리회 4명(4명 감소, 다른 직분으로 옮겨간 것으로 보임),

남전라대리회 2명, 북전라대리회 10명(3명 증가)으로 전국에 18명의 장립 집사가 있었습니다. 한국의 초대교회가 장립 집사라는 명칭을 사용했음을 알 수 있습니다. 최근에 총회에서 발간한 『새표준예배·예식서』에서도 항존직 집사를 안수 집사라고 부르고 있습니다.[14)]

그러므로 항존직 집사는 성경에 나오는 대로 집사, 교회사에 나오는 대로 장립 집사, 안수하여 세운 것을 기준으로 안수 집사, 이렇게 세 가지로 부를 수 있습니다. 교회가 임직식을 할 때는 '집사 임직식', '장립 집사 임직식' 또는 '안수 집사 임직식' 중 하나를 선택하여 부르면 될 것입니다.

1부

집사와 교회

집사가 일생을 사랑하고 섬겨야 할
교회는 어떤 것일까요?
교회는 건물이 아니라 구원받은 성도의 모임입니다.
그러므로 교회를 성경적으로 이해하는 것이 중요합니다.

1장
성경적 교회 이해

교회를 어떻게 이해하는가 하는 교회론은 모든 것을 좌우합니다. "교회론을 어떻게 정의하느냐는 교회의 모든 행위를 결정합니다. 교회론은 매우 중요합니다. 이것이 모든 것을 결정합니다."[15] 건물은 예배당 혹은 교회당이라고 불러야 옳습니다.

교회는 하나님의 백성이다.

베드로는 교회를 하나님의 백성이라고 정의합니다. "너희가 전에는 백성이 아니더니 이제는 하나님의 백성이요 전에는 긍휼을 얻지 못하였더니 이제는 긍휼을 얻은 자니라"(벧전 2:10). 하나님의 백성인 교회의 왕은 하나님이십니다. 신앙생활의 핵심은 하나님을 왕으로 모신 삶입니다. 성도는 왕이신 하나님을 높이며 그분의 뜻을 따라 순종하는 삶을 사는 자입니다. 가장 행복한 인생은 왕이신 하나님을 높이며 그분을 따라 순종하는 인생입니다.

참된 집사의 삶에 가장 중요한 것이 바로 이것입니다. 현대인의 삶은 자신이 주인이고 왕입니다. 모든 것이 내 맘대로 되는 것이 행복이라고 생각합니다. 정말 그럴까요? 그렇지 않습니다. 유한한 인생은 자기가 주인과 왕이 되어서는 절대로 행복할 수 없습니다. 권력을 가지고도, 돈을 가지고도, 쾌락을 가지고도 인간은 행복할 수 없습니다. 블레즈 파스칼은 이렇게 말했습니다. "모든 사람의 마음속에는 창조된 어떤 것으로도 채워질 수 없는 하나님이 만드신 진공이 있는데, 그것은 오직 예수를 통해 알게 된 창조주 하나님만이 채우실 수 있습니다."[16]

하나님은 전능하십니다. 그분은 창조주이십니다. 그 하나님이 우리를 사랑하십니다. 독생자를 주실 만큼 우리를 사랑하십니다. 그 하나님은 진실로 선하십니다. 불의가 조금도 없으시며 불공정함이 하나도 없습니다. 내가 인정하든 인정하지 않든 그분은 만왕의 왕이십니다. 그러므로 하나님을 왕으로 모시고 사는 인생이 가장 행복합니다. 그래서 시편 144편 15절에 "이러한 백성은 복이 있나니 여호와를 자기 하나님으로 삼는 백성은 복이 있도다"라고 했습니다. 집사의 삶이 바로 이러할 때 하나님께 영광을 올려드리게 됩니다. 자신도 교회도 행복하게 됩니다. 자기 고집대로 하지 않고, 자기 생각에 좋은 대로 하지 않고, 왕이신 하나님의 뜻을 따라 순종하는 집사, 그가 최고의 집사입니다.

고대에 좋은 종에게는 네 가지가 없었다고 합니다. 첫째, 자기 뜻이 없었습니다. 아무리 하고 싶어도 주인이 하지 말라고 하면 하지 않았습니다. 아무리 하기 싫어도 주인이 하라고 하면 했습니다. 둘째, 자기 돈이 없었습니다. 아무리 많은 돈이 있어도 제 맘대로 사용하지 않고 언제나 주인의 뜻대로 사용했습니다. 셋째, 자기 자식이 없었습니다. 내가 낳은 자식이라고 해도 언제나 주인이 기뻐하는 일을 시켰습니다. 넷째, 자기 생명이 없었습니다. 주인을 위해서 생명을 바쳐야 할 상황이 되면 그는 자신의 목숨을 초개와 같이 던졌습니다.

우리가 하나님을 왕으로 모시고 산다는 것은 바로 이런 것입니다. 집사로서 하나님을 왕으로 모시고 사는 사람은 자기 뜻이 없고, 자기 돈이 없고, 자기 자식이 없고, 자기 생명이 없는 삶을 사는 것입니다. 즉 사무(四無)의 삶입니다.

교회는 그리스도의 몸이다.

사도 바울은 교회를 그리스도의 몸이라고 합니다. "교회는 그의 몸이니 만물 안에서 만물을 충만하게 하시는 이의 충만함이니라"(엡 1:23). 구원받은 성도들의 모임인 교회는 그리스도의 몸입니다. 그러니 교회는 얼마나 소중한 것입니까?

이 교회의 머리가 되시는 예수님에 대해 바울은 이렇게 말합니다. "또 만물을 그의 발 아래에 복종하게 하시고 그를 만물 위에 교회의 머리로 삼으셨느니라"(엡 1:22). 교회의 위치가 만물 위에 있습니다. 만물은 그야말로 모든 것을 말합니다. 교회가 모든 것보다 높은 위치에 있습니다. 아무리 작은 교회라 할지라도 그 교회는 만물 위에 있습니다. 교회의 머리 되신 예수 그리스도께서 만물의 머리이시고 통치자이시기 때문입니다.

그리스도를 머리로 모신 모든 교회는 만물 위에 있다는 것을 잊지 말아야 합니다. 교회는 이렇게 소중한 것입니다. 모든 교회는 미국 대통령이 있는 백악관보다 높습니다. 영국 왕이 있는 버킹엄궁보다 높습니다. 왜 그럴까요? 그들보다 높은 만왕의 왕이 그 교회에 계시기 때문입니다. 그렇기에 아무리 작은 교회라고 해도 위축되지 말고 이러한 자긍심을 가져야 합니다.

오래전에 <에어포스 원>(Air Force One, 미국 대통령 전용기)이라는 영화를 보았습니다. 테러범이 장악한 에어포스 원을 특수부대원 출신의 대통령과 경호원들이 제압합니다. 격렬한 전투로 인해 에어포스 원이 손상되어 추락하게 되자, 비행기에서 결투에 승리한 대통령이 마지막으로 에어포스 원을 떠납니다. 에어포스 원과 미군 수송기에 연결된 와이어에 자기 몸을 묶고 천신만고 끝에 미군 수송기(호출 부호 Liberty 24)에 탑승합니다. 대통령이 탑승하자마자 수송기 조종사가 무전을 통해 이렇게 말합니다. "리버티 24는 호출 부호를 바꾸는 중입니다. 리버티 24는 이제 에어포스 원입니다!" 에어포스 원 비행기에 비하면 수송기는 얼마나 싼 비행기입니까? 시설도 얼마나 열악합니까? 그런데 미국 대통령이 탑승하면 그 수송기가 에어포스 원이 되는 것입니다. 이처럼 아무리 작은 교회, 시설이 열악한 교회라고 할지라도 그 교회는 만물 위에 있습니다. 일반적으로 성도들의 수가 적고, 건물의 규모가 작거나 시설이 열악하면 우리는 그 교회를 가볍게 여길 수 있습니다. 그것은 옳지 않습니다. 아무리 작은 교회, 아무리 열악한 시설이라 할지라도 예수 그리스도를 머리로 모신 교회, 즉 그리스도의 몸은 만물 위에 있습니다. 백악관보다, 버킹엄궁보다 높습니다.

이것은 집사가 섬기는 교회가 얼마나 존귀한 것인가를 생각하게 합니다. 성도들의 회집 인원에 상관없이, 건물의 규모와 기능에 상관없이 우리 모두의 교회는 존귀한 교회입니다. 그러므로 교회를 소중하게 여겨야 합니다. 또한 교회를 소중하게 여기는 것은 바로 교회의 머리 되신 예수 그리스도를 소중히 여기는 것과 같습니다. 집사로서 교회를 소중하게 여기십시오. 이것이 바로 교회가 그리스도의 몸이라는 교회론의 핵심 중 하나입니다.

또한 교회가 그리스도의 몸이라고 할 때 중요한 것은 그리스도의 몸인 교회는 머리 되신 그리스도와 아주 긴밀하게 연결되어야 한다는 것입니다. 이에 대해서 유명한 신약성경학자인 F. F. 브루스 박사는 유기적 관계(organic relation)와 생명의 연합(vital union)[17]이라고 표현했습니다.

유기적이란 서로 연결되어 돕는 관계를 말합니다. 우리는 예수 그리스도와 꼭 연결되어 있어야 합니다. 친밀한 관계가 되어야 합니다. 그것이 유기적이며, 이것은 동시에 생명의 연합입니다. 이 유기적 관계가 생명을 유지하는 데 필수적입니다. 떼려야 뗄 수 없는 관계입니다. 포도나무와 가지의 관계입니다. 교회의 머리 되신 예수 그리스도와 유기적 관계, 생명의 연합을 이루기 위해서는 성경을 읽고 묵상하고 기도하고 찬송하면서, 그때 주신 예수님의 뜻에 순종해야 합니다. 성경을 읽지 않고, 기도하지 않고, 찬송하지 않으면 예수님과의 유기적 관계, 생명의 연합을 경험할 수 없습니다. 한 걸음 더 나아가 성경을 읽고 묵상하고 기도하고 찬송하더라도, 그때 주신 감동에 순종하지 않으면 유기적 관계, 생명의 연합은 이루어질 수 없습니다. 이런 유기적 관계, 생명의 연합이 있을 때 우리는 교회다운 교회가 될 수 있고 집사다운 집사가 될 수 있습니다.

교회는 거룩한 군대이다.

신구약 성경은 하나님의 백성을 하나님의 군대라고 부릅니다. 구약 출애굽기에 보면 "사백삼십 년이 끝나는 그 날에 여호와의 군대가 다 애굽 땅에서 나왔은즉"(출 12:41)이라고 하여 출애굽한 이스라엘 백성을 여호와의 군대라고 부릅니다. 신약성경에도 성도를 그리스도 예수의 병사라고 부르고 있습니다. "너는 그리스도 예수의 좋은 병사로 나와 함께 고난을 받으라"(딤후 2:3).

이렇게 교회는 거룩한 군대입니다. 그래서 교회론을 가르치는 에베소서에 보면, 마지막 부분에 영적 전쟁에 대해서 다루고 있습니다. 에베소서 6장 10절에서는 "끝으로 너희가 주 안에서와 그 힘의 능력으로 강건하여지고"라고 말씀합니다. 사도 바울이 끝으로 강조하고 싶은 것이 바로 이것입니다. 영적 전쟁에서 승리하도록 강건하라는 것입니다. 영적 전쟁에서 패배하면 교회가 무너지기 때문입니다. 집사로서 중요한 역할은 교회가 영적 전쟁에서 승리하도록 돕는 것입니다.

그렇다면 이 영적 전쟁의 주적은 누구일까요? 사탄, 마귀, 귀신입니다. 에베소서 6장 11절에 보면, "마귀의 간계를 능히 대적하기 위하여 하나님의 전신갑주를 입으라"고 했습니다. '마귀의 간계'(메쏘데이아, μεθοδεία)는 '마귀의 음모' 또는 '계획'(scheme)으로 번역될 수 있습니다.[18] 마귀가 교회를 무너뜨릴 음모 즉 작전계획을 가지고 공격한다는 것입니다. 이 영적 전쟁의 주적은 사람이 아닙니다. 에베소서 6장 12절에 "우리의 씨름은 혈과 육을 상대하는 것이 아니요 통치자들과 권세들과 이 어둠의 세상 주관자들과 하늘에 있는 악의 영들을 상대함이라"라고 했습니다. 여기서 '혈과 육'은 헬라어 숙어로 인간입니다. 다시 말해 영적 전쟁은 사람과 싸우는 것이 아닙니다. '통치자들과 권세들'은 헬라어 숙어로 천사입니다. 천사는 선한 천사도 있고 악한 천사도 있습니다. 그렇다면 여기서 '통치자들과 권세들'은 어떤 천사일까요? 이어지는 문맥에 답이 있습니다. "이 어둠의 세상 주관자들과 하늘에 있는 악의 영들을 상대함이라." 그러므로 여기서 '통치자들과 권세들'은 악한 천사입니다.

요한계시록에 보면 우리의 영적 전쟁의 대상을 이렇게 설명합니다. "큰 용이 내쫓기니 옛 뱀 곧 마귀라고도 하고 사탄이라고도 하며 온 천하를 꾀는 자라 그가 땅으로 내쫓기니 그의 사자들도 그와 함께 내쫓기니라"(계 12:9). 여기에 우리의 영적 적군의 대장을 가리키는 다양한 용어가 나옵니다. '큰 용', '옛 뱀', '마귀', '사탄', '온 천하를 꾀는 자'입니다. 우리의 영적 전쟁의 주적 대장은 히브리어로 사탄(שָׂטָן, 음역)이고 헬라어로는 마귀(디아볼로스, διάβολος, 의역)입니다. 또 큰 용이라고도 하고, 아담과 하와를 유혹했던 옛 뱀이라고도 합니다. '그의 사자들'이 헬라어로는 '그의 천사들'(호이 앙겔로이 아우투, οἱ ἄγγελοι αὐτοῦ)이라고 되어 있습니다. 다시 말해 마귀 즉 사탄은 타락한 천사장이고, 그의 부하 천사들도 마귀와 함께 하나님을 대적하다가 타락하였다는 것입니다. 이 타락한 천사들을 귀신(다이모니온, δαιμόνιον)[19]이라고 부릅니다. 즉 우리의 영적 전쟁의 주적은 대장인 마귀 곧 사탄과 그의 부하인 귀신들입니다. 전쟁에서 중요한 것은 피아식별입니다. 적군과 아군을 구별하는 것입니다. 목회자와 성도는 아군입니다. 적군이 아닙니다. 우리의 적군은 사탄과 마귀와 귀신입니다. 가장 불행한 군인은 아군의 총에 맞아 죽은 군인입니다. 그러므로 우리는 적군과 싸워야지, 목회자나 다른 성도들과 싸우면 안 됩니다.

조직신학자인 루이스 벌코프 박사는 성경에 근거해 지상의 교회는 영적 전투를 치르는 전투적인 교회라는 것을 밝힙니다.

"현시대의 교회는 전투적인 교회입니다. 그렇게 불리는 이유는 현시대의 교회가 실제적으로 거룩한 전쟁을 치르고 있기 때문입니다. 지상의 교회가 전투적인 교회라면, 천국의 교회는 승리적인 교회입니다. 천국에서 칼은 승리의 종려나무 가지로 바뀌고, 전투의 함성은 승리의 개선가로 바뀝니다. 고난의 십자가는 승리의 면류관으로 바뀝니다."[20]

전투적 교회인 지상교회의 일꾼으로서 집사는 영적 전쟁에서 승리할 기본기를 갖추어야 합니다. 그는 일꾼인 동시에 용사이기 때문입니다. 그것을 에베소서 6장 13절에는

"전신(全身) 갑주(甲冑: 갑옷과 투구)를 입으라"고 말합니다. 즉 온몸을 갑옷으로 덮고 헬멧을 쓰라는 것입니다.

그런데 이 전신갑주는 '하나님의 전신갑주'(the full armor of God)입니다. 하나님의 전신갑주, 즉 영적 전쟁에서 우리 몸과 영혼을 보호하고 마침내 사탄, 마귀, 귀신을 이기는 것은 무엇입니까?

진실한 삶 | 에베소서 6장 14절 상반절에 "그런즉 서서 진리로 너희 허리띠를 띠고"라고 했습니다. 여기서 진리는 하나님의 말씀이 아닙니다. 에베소서 6장 17절에 영적 전투에 사용되는 '성령의 검'이 하나님의 말씀을 뜻합니다. 진리는 헬라어로 '알레데이아'(ἀλήθεια)인데, 여기서는 '참', '진실', '성실' 등으로 번역되는 것이 더 문맥의 의미에 가깝습니다. 즉 영적 싸움에서 승리하기 위해서는 하나님과 사람 앞에 성실하고, 참되고 진지하게 서는 자세가 우선되어야 한다는 것입니다. 진실하지 않으면 허리띠가 없는 것처럼 전투하는 데 많은 지장을 줍니다. 제대로 싸우지 못합니다.

정의로운 삶 | 에베소서 6장 14절 하반절에 "의의 호심경을 붙이고"라고 했습니다. 여기서 의는 칭의가 아니라 의로

운 삶을 말합니다. 의의 헬라어 '디카이오쉬네'(δικαιοσύνη)는 여기서 의로운 삶을 의미합니다. 이 말씀에서 보듯이 의로운 삶이 우리의 심장을 보호하는 가슴 보호판(breastplate)입니다. 지금으로 말하면 방탄조끼입니다. 우리 삶 속에 불의한 것 즉 죄가 들어오면 마귀의 공격이 시작됩니다. 심장을 공격합니다. 그러면 우리는 치명상을 입게 됩니다. 팔이나 다리를 잃어도 살 수 있지만, 심장을 잃으면 살 수 없습니다. 그러므로 우리는 돈을 잃어도 의는 잃지 말아야 합니다. 의롭게 살아야 승리할 수 있습니다.

평화케 하는 복음을 전파하는 삶 | 에베소서 6장 15절에 "평안의 복음이 준비한 것으로 신을 신고"라고 했습니다. 전투화가 편해야 전투를 잘할 수 있습니다. 전쟁터에서는 튼튼하면서도 발에 맞는 편한 전투화가 중요합니다. 복음은 우리 마음에 평안을 주는 전투화 역할을 해줍니다. 그런데 그런 평안은 복음을 전할 때 이루어집니다. 복음 선포를 통해서 사탄의 나라는 무너지고, 사탄의 지배 아래 있던 사람들은 복음의 능력으로 하나님과 화평케 되어 평안을 누리게 됩니다. 그것을 보는 우리도 마음의 평안을 경험하게 됩니다.

믿음을 크게 키워감 | 에베소서 6장 16절에 "모든 것 위에 믿음의 방패를 가지고"라고 했습니다. 이 믿음은 하나님의 신실하심과 보호하심에 대한 믿음입니다. 어떤 상황에서도 하나님을 신뢰하는 것을 의미합니다. 여기서 사용된 방패는 헬라어로 작은 방패가 아니라 큰 방패를 의미하는 '뒤레오스'(θυρεός)[21]입니다. 작은 방패는 흔히 손 방패라고 하는데 그것은 '호프론'(ὅπλον)[22]이고, 여기서는 큰 방패를 뜻하는 뒤레오스(대문을 의미하는 뒤라[θύρα][23]에서 유래)가 사용되었습니다. 방패가 클수록 적의 공격으로부터 몸을 더 많이 보호할 수 있습니다. 그러므로 우리는 믿음을 키워가야 합니다. 하나님의 말씀을 읽고, 기도하고, 하나님이 주신 감동에 순종함으로 우리의 믿음을 키워가야 합니다.

구원의 확신 | 구원의 투구는 구원의 확신을 의미합니다. 에베소서 6장 17절 상반절에 '구원의 투구'라고 했습니다. 신약성경에 구원의 투구와 관련된 다른 표현은 데살로니가전서 5장 8절에 '구원의 소망의 투구'라고 나옵니다. 여기 '소망'이라는 말은 '확신'(confidence)이라는 뜻이 있습니다.[24] 그래서 구원의 확신의 투구라고 해석했습니다.

성령의 조명으로 깨달은 성경 말씀 | 에베소서 6장 17절 하반절에 "성령의 검 곧 하나님의 말씀을 가지라"고 했습니다. 성령의 검이 곧 하나님의 말씀입니다. 성령의 영감으로 기록된 성경은 성령의 조명으로 깨달아집니다. 그럴 때 이 성경 말씀은 강력한 무기가 되어 마귀를 이깁니다. 말씀은 공격용 무기입니다. 그런데 이 검은 성령의 검이지, 나의 검이 아닙니다. 성령님이 사용해 주셔야 합니다. 성령님이 조명해 주셔서 깨닫게 하실 때, 그 말씀은 좌우의 날 선 검처럼 역사합니다.

무전 | 전신갑주에 이어서 마지막으로 중요한 것은 무전입니다. 상급 부대의 지원을 얻기 위해서는 통신이 중요합니다. 나와 교회의 능력으로는 영적 전투에서 승리할 수 없습니다. 승리를 위해서는 상급 부대의 지원이 필요합니다. 그래서 통신 즉 무전이 전투에서 아주 중요합니다. 고립된 곳에서 적에 둘러싸여 있을 때 무전을 통해 포병이나 공군의 화력지원을 받아 전투를 승리로 이끈 경우는 매우 많습니다. 영적 전투에서 이런 통신은 바로 기도입니다.

에베소서 6장 18절에 "모든 기도와 간구를 하되 항상 성령 안에서 기도하고 이를 위하여 깨어 구하기를 항상 힘쓰며 여러 성도를 위하여 구하라"고 했습니다. 표현을 바꾸어 가며 다섯 번이나 기도하라고 말합니다.

군에서는 공지전투(Air-Land Battle)라는 말을 씁니다. 에어는 공군력을 말하고 랜드는 지상군 전투력을 말합니다. 하늘과 땅의 힘을 합해서 싸워야 승리합니다. 현대전은 공군의 근접항공지원이 없이는 승리할 수 없습니다. 영적 전투도 마찬가지입니다. 하늘의 하나님의 지원이 없이는 승리할 수 없습니다.

제가 좋아하는 영화 중의 하나는 멜 깁슨이 주인공으로 나온 <위 워 솔저스>(We were soldiers)입니다. 1965년에 실제로 있었던 미군과 월맹군의 전투를 바탕으로 만들어진 영화입니다. '죽음의 계곡'이라고 불리는 드랑 밸리에서 벌어진 전투에서 미군은 400명으로 월맹군 2,000명을 무찌릅니다. 대대장 할 무어(Hal Moore) 중령은 실제 인물입니다. 그는 한국전쟁 때 중대장으로, 월남전 때 대대장으로 참전했습니다. 장군이 되어서는 한국에 미 7사단장으로 다시 근무했고, 중장으로 예편하였습니다. 미군이 월남 지역에 익숙한 월맹군을, 그것도 다섯 배나 많은 숫자를 이길 수 있었던 이유는 무엇일까요? 할 무어 중령의 대대원 400명은 죽을힘을 다해서 싸웠습니다. 여기서 매우 중요한 것이 무전(radio)이었습니다. 무전으로 사령부에 지원을 요청하여 공군의 근접항공지원을 받아 이길 수 있었던 것입니다.

우리 그리스도인들이 어떻게 우리보다 강한 마귀를 이깁니까? 하나님께 무전을 치는 것입니다. 이 무전은 기도하는 것입니다. 그러면 하나님께서 강력하게 도와주셔서 승리하게 하십니다. 기도는 영적 전투에서 승리하는 데 절대적인 수단입니다. 우리가 힘써 기도하는 이유가 바로 여기에 있습니다. 전신갑주를 입고 기도까지 갖추어 호시탐탐 우리 교회를 노리는 마귀와의 영적 전투에서 승리할 수 있기를 바랍니다.

교회는 거룩한 신부이다.

교회의 생명은 거룩에 있습니다. 하나님은 교회를 향하여 거룩하라고 말씀하십니다. 출애굽은 신약으로 보면, 구원을 보여주는 사건입니다. 레위기 11장 45절에서는 출애굽 즉 구원의 목적을 이렇게 말씀합니다. "나는 너희의 하나님이 되려고 너희를 애굽 땅에서 인도하여 낸 여호와라 내가 거룩하니 너희도 거룩할지어다."

신약에서 베드로 사도도 우리를 불러 구원하시고 교회

로 모이게 하신 하나님의 뜻이 거룩이라고 말합니다. "오직 너희를 부르신 거룩한 이처럼 너희도 모든 행실에 거룩한 자가 되라 기록되었으되 내가 거룩하니 너희도 거룩할지어다 하셨느니라"(벧전 1:15-16).

구약 성경은 끊임없이 구약의 교회인 이스라엘 백성들의 우상숭배를 지적합니다. 여호와 하나님이 아닌 것을 하나님처럼 섬기는 것이 바로 우상숭배입니다. 우상숭배는 먼저 예배의 대상 면에서 거룩이 깨진 것입니다. 하나님께만 구별된 예배를 드려야 하는데 다른 대상을 예배하기 때문입니다. 이스라엘은 예배의 거룩이 깨지면 반드시 도덕적 타락으로 이어졌습니다. 성적으로 타락하고, 돈과 쾌락을 숭배하고, 권력에 중독되는 양상으로 나타났습니다. 이런 우상숭배와 그 결과인 타락에 대해 지적하는 말씀이 선지서에 많이 나옵니다.

성경에서 하나님은 우리 모든 성도 즉 남자와 여자 성도를 모두 영적으로는 아내라고 말씀하십니다. 이것은 성적인 의미가 아니라 독점적 사랑의 의미에서의 아내입니다. 친구는 여러 명이 있을 수 있지만, 아내 또는 남편은 여러 명이 있을 수 없습니다. 만약 어떤 남편이 다른 여자와 데이트하는데 그 아내가 "당신은 많은 사람을 사랑해야 하는 사명을 가지고 태어난 사람이니까 내가 그 정도는 이해할게"라고 말할 수 있을까요? 절대로 그런 일은 일어나지 않습니다. 만약 어떤 아내가 다른 남자와 사랑의 감정으로 데이트를 한다면, 그 남편이 "내 아내는 정말 멋진 여성이라서 나 한 사람만 사랑하기엔 너무 아까워. 많은 남자의 사랑을 받아야 해. 그래도 나는 아무 문제 없어. 난 괜찮아." 이렇게 말할까요? 절대로 그런 일은 없습니다. 부부관계는 독점적이기 때문입니다.

하나님께서 우리를 그렇게 독점적으로 사랑하기를 원하십니다. 이것을 신명기 4장 24절은 이렇게 말씀합니다. "네 하나님 여호와는 소멸하는 불이시요 질투하시는 하나님이시니라." 여기서 질투하신다는 말은 하나님이 쩨쩨하다는 뜻이 아니라 우리와 독점적 사랑을 나누길 원하신다는 뜻입니다. 하나님은 우리가 다른 신이나 다른 존재를 하나님처럼 섬기기를 원치 않으십니다. 그분만이 참 신이요, 창조주이시기 때문입니다.

교회의 생명력은 거룩입니다. 그렇다면 교회의 생명력인 거룩을 깨는 현대인의 우상숭배는 무엇일까요? 카일 아이들만 목사님이 쓴 『거짓 신들의 전쟁』에 보면, 현대인이 섬기는 우상숭배를 이렇게 말합니다.

첫째, 현대인은 음식의 신을 섬기고 있습니다. 음식에 지나친 관심을 가지고 있는 사람들을 말합니다. 이들은 식당 이름, 위치, 메뉴, 요리의 질, 다음번 외식 계획을 수첩에 기록해 놓고 있습니다.[25]

둘째, 섹스의 신을 섬기고 있습니다. 섹스 즉 성은 하나님이 주신 선물입니다. 그러나 하나님이 허락하신 배우자가 아닌 사람과의 성관계는 성을 섬기는 우상숭배에 빠지는 것입니다. 인터넷 음란물을 보는 것도 섹스의 신을 섬기는 우상숭배입니다.[26]

셋째, 오락의 신을 섬기고 있습니다. 스포츠, 영화, 음악, TV, 비디오 게임, 연예계와 스포츠계의 유명인, 스포츠나 연예계의 소식, 카톡 같은 소셜 네트워크에 바치는 시간이 얼마나 많습니까? 이것이 오락의 신에 빠진 것입니다.[27]

넷째, 성공의 신을 섬기고 있습니다. 성공의 신은 단지 돈을 많이 버는 것만이 아닙니다. 명성을 얻는 것, 영향력을 행사하는 것, 승진하는 것 등과 관계가 있습니다.[28] 그것을 위해 하나님 사랑과 이웃 사랑을 포기한다면 성공이라는 우상을 섬기는 것입니다.

다섯째, 돈의 신을 섬기고 있습니다. 돈을 벌기 위해 하나님 사랑과 이웃 사랑을 포기한다면 그는 돈의 신을 섬기고 있습니다. 17세기 영국의 켄터베리 대주교였던 존 틸로트슨(John Tilotson)은 "이 세상의 삶을 위해서는 많은 것을 준비하지만 영원의 세상에는 아무 관심도 갖지 않는 사람은 잠시 현명할지 몰라도 영원한 바보가 된다"[29]라고 했습니다.

여섯째, 성취의 신을 섬기고 있습니다. 선반 위의 트로피, 훈장, 메달, 성적표, 수료증, 학위, 승진, 월급 인상 등의 모든 것이 우리 숭배의 대상 곧 우상이 될 수 있습니다. 과잉 성취가 되면 우상이 됩니다.[30] 성취는 좋은 것입니다. 다만 우리가 그것을 신으로 섬기기 전까지만 좋은 것입니다.

일곱째, 로맨스의 신을 섬기고 있습니다.[31] 배우자가 아닌 다른 사람에게 연애 감정을 느끼는 것입니다. 그것은 바람처럼 헛된 것입니다. 불륜의 신을 섬기는 것입니다.

여덟째, 가족의 신을 섬기고 있습니다. 하나님보다 가족을 더 사랑하면 우상숭배가 될 수 있습니다. 아브라함은 백 세에 낳은 아들까지도 하나님 다음으로 사랑했습니다.[32]

마지막 아홉째로 현대인은 '나'라는 신을 섬기고 있습니다. 하나님의 뜻보다 내 생각이 우선이고 하나님께 영광을 돌리기보다 내가 영광 받기를 원한다면 이것은 나를 숭배하는 것입니다.[33]

이 시대의 아홉 가지 우상숭배를 소개했습니다. 이것은 순결한 신부인 교회의 모습이 아닙니다. 그러나 안타깝게도 적지 않은 교회에서 적지 않은 집사와 성도들이 이런 우상숭배에 빠져 있습니다. 임직받은 집사는 이런 우상숭배에 빠지지 않도록 자신을 돌아보며 우상을 제거하는 삶을 살아야 합니다. 그럴 때 집사 자신과 교회가 하나님의 더 큰 은혜와 사랑을 경험할 것입니다.

교회는 이 땅의 희망이다.

에베소서는 교회가 만물 위에 있다는 영광스러운 위치만 말하지 않습니다. 교회가 사회를 섬겨야 할 것을 말씀하고 있습니다. "교회는 그의 몸이니 만물 안에서 만물을 충만하게 하시는 이의 충만함이니라"(엡 1:23). 교회는 그리스도의 몸으로서 만물을 충만케 하는 사역을 감당해야 합니다. 만물을 충만하게 하시는 그리스도의 충만함을 가진 공동체는 교회밖에 없기 때문입니다. 그러므로 교회가 이 땅의 희망입니다.

교회가 교회다워지면 어두운 이 세상에 희망이 될 수 있습니다. 어두움을 밝히는 빛으로, 부패를 방지하는 소금으로 그 사명을 감당할 수 있습니다. 그러면 교회는 어떻게 이 사회의 희망이 될 수 있을까요?

복음에 합당한 삶 | 복음의 원리대로 먼저는 하나님을 경외하고 이웃을 사랑하는 삶을 살아야 합니다. 더 나아가 성경적 가치관으로 나 자신의 인생을 계획하여 살아가고, 가정에서도 사회에서도 그렇게 살아가야 합니다.

복음을 전하는 삶 | 복음 외에는 죄인을 구원할 것이 아무것도 없습니다. 이 세상 사람들의 가장 큰 결핍은 복음의 결핍입니다. 복음을 그들의 마음에 전해줌으로써 구원받게 해야 합니다. 이것이 교회가 세상의 희망이 되는 길입니다.

복음에 대한 가장 명료한 정의는 고린도전서 15장 1-4절에 나옵니다. 여기서 바울은 복음의 내용이 십자가와 부활이라고 말합니다. 십자가의 속죄를 믿는 우리는 지금 죽어도 우리 영혼이 천국에 들어갑니다. 그래서 십자가가 복음입니다. 예수님의 부활은 예수님이 하나님의 아들, 즉 하나님 되심을 증명하는 것이었습니다(롬 1:4). 또한 예수님의 부활은 우리 부활의 첫 열매였습니다(고전 15:20). 가을이 되어 유실수에 과일 하나가 맺히면 수많은 과일이 맺힐 것을 예고하듯이 예수님의 부활은 우리의 부활을 예고한 것이었습니다.

그러면 부활은 언제 이루어집니까? 주님이 재림하실 때입니다. 그때 우리의 몸은 다시는 병들지 않는 몸, 죽지 않는 몸, 죄성을 완전히 이기고 성화가 완성된 영화의 몸으로 부활할 것입니다(고전 15:42-43, 51-52). 그래서 영혼과 육신이 연합된 완전한 인격체로서 영생을 누리게 될 것입니다. 물론 복음은 이 땅에서도 영생을 맛보게 합니다. 이 복음을 전하는 것이 세상에 가장 큰 희망, 완전한 희망, 영원한 희망을 전하는 것입니다.

이웃을 사랑으로 섬김 | 세상은 자기중심입니다. 이기적입니다. 하지만 예수님은 하나님 아버지의 뜻을 중심으로 사셨습니다. 그리고 아낌없이 사람들을 사랑하셨습니다. 사랑하기 위해 자신의 권리를 비우셨고(빌 2:6-7) 사람들을 위해 생명까지 주셨습니다(빌 2:8). 이러한 예수님의 방식으로 이웃을 사랑하고 섬기는 것이 바로 교회가 세상의 희망이 되는 방식입니다. 이웃을 선하게 대하십시오. 작은 것이라도 그들의 유익을 위해 섬기십시오. 교회적으로도 이웃을 구체적으로 섬기십시오.

바보 같은 젊은 의사가 있었습니다. 그가 유행성출혈열로 갑자기 세상을 떠나자 조문객 4,000여 명이 찾아와 울었습니다. 병원 매점 앞에서 구두를 닦는 아저씨, 식당에서 일하는 아주머니, 노점상 할머니까지 눈물을 흘렸습니다. 그가 생전에 사랑으로 섬긴 이들입니다. 한 의사는 이렇게 말했습니다. "사람들이 그를 그리워하는 이유는 그가 참 의사였기 때문입니다. 그는 다른 사람의 생명을 마치 내 생명처럼 귀히 여기고 아끼고 사랑했습니다."

2003년 군의관으로 임관한 그는 2005년 11월 사격훈련 지원을 나갔을 때 앰뷸런스에서 나와 일반 병사들과 함께 어울리며 풀밭에서 밥을 먹고 담소를 나누었습니다. 유행성출혈열은 그때 감염된 것으로 보입니다.

그의 삶의 중심에는 예배가 있었습니다. 그는 예배를 사랑했습니다. 그 예배를 통해 만난 예수님의 사랑이 그가 이웃을 사랑하는 원동력이었습니다. 그 바쁜 인턴 때에도 그는 당직을 바꾸어가며 1년 52주 주일을 지켰습니다. 예배는 그의 신앙의 심장이요, 생명이었기 때문입니다. 2006년 1월 5일 밤 10시 30분에 청년 의사는 하나님의 품에 안겼습니다. 만 33세였습니다. 영정사진이 걸리기 전부터 장례식장은 물밀듯 밀려오는 조문객으로 들어설 곳이 없었습니다. 고려대 의학과 91학번 내과 전문의 안수현(1972~2006). 그는 서울 동작동 국립현충원에 안치되었습니다.[34] 그는 예수님의 사랑으로 만물을 충만케 하는 진정한 성도였습니다. 이렇게 사는 성도가 바로 이 세상의 희망이며, 이러한 성도가 많은 교회가 세상에 희망이 됩니다. 집사가 된 우리는 이런 삶을 추구해야 합니다.

2장
성경적 교인 이해

함께 신앙생활을 하는 교인들을 성경적으로 이해하는 것은 매우 중요합니다. 그들을 섬기기 위해서 우리는 집사로 부름받았기 때문입니다. 그렇다면 성경적으로 볼 때 교인은 어떤 사람입니까?

그리스도 안에서 한 몸이다.

교인은 그리스도 안에서 한 몸입니다. 성경은 우리가 그리스도 안에서 한 몸이 되었다고 말합니다. 고린도전서 12장 27절에 "너희는 그리스도의 몸이요 지체의 각 부분이라"고 했습니다.

우리는 지식적으로는 모든 성도가 그리스도 안에서 한

몸을 이루고 있다고 생각합니다. 그러나 안타깝게도 교회 현장에서는 한 몸으로 생각하지 않는 것 같습니다. 우리는 자기 몸을 많이 아낍니다. 몸의 한 지체가 조금이라도 다치거나 아프면 즉각 치료합니다. 그러나 그리스도의 몸의 지체인 성도에 대해서는 그 정도로 돌보지 않습니다.

몸을 유기체라고 합니다. 유기체는 서로 돕는 관계를 말합니다. 실제로 우리 몸은 눈이 손을 돕고, 손이 입을 돕고, 위장이 심장을 돕고, 심장이 위장을 돕습니다. 그리스도의 몸인 성도도 서로 잘 도와야 진정한 그리스도의 몸이요, 유기체입니다. 그런데 우리는 교회에서 정말 그렇게 서로를 돌보고 있는지 살펴보고, 서로의 다름을 용납하지 못하고, 상대방의 실수와 잘못을 용서하지 않으며, 오히려 적대적으로 대하지는 않는지 자기를 돌아보아야 합니다.

자가면역질환은 몸의 면역체계에 문제가 생겨 자기가 자기 몸을 공격하는 병입니다. 이것은 치료하기도 어렵습니다. 몸 안의 면역체계 시스템이 잘못되었기 때문입니다. 종종 교회에서도 자가면역질환에 걸린 성도를 볼 수 있습니다. 서로 사랑하고 도와야 할 성도를 비난하고 공격하는 것입니다. 이런 자가면역질환에 걸린 성도가 많으면 그 교회 또한 매우 고통스럽습니다. 정상적인 몸의 기능을 수행할 수 없습니다. 교회의 본질인 예배뿐만 아니라 교제, 섬김, 전도, 사회봉사, 그 어느 것도 제대로 감당할 수 없습니다. 교회의 중추적 역할을 맡은 집사는 자가면역질환을 일으키는 존재가 아니라 그러한 질환이 있는 성도를 기도와 사랑으로 치유해야 합니다.

그리스도 안에서 한 가족이다.

교인은 그리스도 안에서 한 가족입니다. 에베소서 2장 19절에 교회가 한 가족임을 이렇게 말씀하고 있습니다. "그러므로 이제부터 너희는 외인도 아니요 나그네도 아니요 오직 성도들과 동일한 시민이요 하나님의 권속이라." '권속(眷屬)'은 '한 집안의 식구'라는 뜻인데 한 글자씩 떼어서 보면, 돌볼 권(眷)에 엮을 속(屬)입니다. 이것은 가족의 본질을 보여줍니다. 가족이란 서로 피로써 엮인 관계인데 서로를 잘 돌보는 것이 진짜 가족이라는 것입니다.

교회가 권속이라는 말은 그리스도의 피로 엮인 한 가족이며, 서로를 잘 돌보는 것이 좋은 권속 즉 가족이라는 뜻입니다. 권속의 헬라어는 '오이케이오스'(οἰκεῖος)인데 한 집안의 구성원들(members of the household)[35]이라는 뜻입니다. 우리는 하나님을 아버지로 모신 형제자매요, 영적인 가족입니다.

순기능적인 가족은 출생과 성장, 돌봄과 용납, 질서가 있습니다. 반면 역기능적인 가족은 비난과 따돌림, 인격의 파괴가 있습니다. 좋은 교회는 순기능적인 가족입니다. 혹시 내가 섬기는 교회가 역기능적 가족인지 살펴보고, 그 원인을 제거하여 순기능적 가족이 되게 해야 합니다.

미국 서남부 지역에는 밑동의 지름이 10m이고 키가 90m 이상인데 뿌리가 2~3m밖에 되지 않는 레드우드라는 삼나무가 있습니다. 이 거목은 체구에 비해 뿌리가 연약하지만, 낙뢰에 불타는 일은 있어도 태풍에 쓰러지는 일은 거의 없습니다. 뿌리가 땅 밑으로 깊게 뻗지는 못해도 옆으로 25m 이상 뻗어 한 뿌리에 여러 그루의 나무가 자라기 때문입니다. 지상에서는 각자 한 그루 나무이지만 땅 밑에서는 한 뿌리에 연결되어 공동체를 이루며 한 가족으로 살아가는 것입니다.[36] 집사는 교회가 이렇게 순기능적 가족이 되도록 기도하며 섬겨야 합니다.

의인인 동시에 죄인이다.

교인은 '의인인 동시에 죄인'입니다. 이것은 종교개혁가

마틴 루터의 말입니다. 의인인 동시에 죄인, 이것이 구원받은 우리의 현주소입니다.

우리는 예수님의 십자가 속죄의 은혜를 믿음으로 의인이 되었습니다. 그러나 아직도 우리에게는 죄성이 있습니다. 예레미야 13장 23절은 우리가 얼마나 뿌리 깊은 죄인인지를 선명하게 보여줍니다. "구스인이 그의 피부를, 표범이 그의 반점을 변하게 할 수 있느냐 할 수 있을진대 악에 익숙한 너희도 선을 행할 수 있으리라."

우리는 오직 십자가의 은혜만으로 구원받습니다(고전 1:18; 2:2). 그러나 구원받은 성도에게도 죄성이 있으며(딤전 1:15), 성령의 통치 아래 순종함으로 그 죄성을 극복해 가는 것입니다(롬 8:3-5). 우리는 죄성을 이겨가는 과정 중에 있으므로 서로 실수하고 잘못합니다. 참된 집사는 서로 용서하고 용납하여 화평케 하는 자가 되어야 합니다.

공사 중이다.

교인은 아직 공사 중인 존재입니다. 우리가 서로에 대해서 실망하고 서로를 비난하고 다투는 이유는 무엇일까요? 서로를 완전한 사람으로 보기 때문입니다. 예수님 외에 완전한 사람은 없습니다. 예수님은 완전하신 하나님, 완전하신 인간이었습니다. 그러나 우리는 다 불완전합니다. 마치 건물이 지어져 가는 중인 것과 같습니다. 아직은 완성되지 않았습니다. 공사 중입니다.

이에 대한 성경적 근거는 에베소서 2장 22절입니다. "너희도 성령 안에서 하나님이 거하실 처소가 되기 위하여 그리스도 예수 안에서 함께 지어져 가느니라." 우리는 모두 지어져 가는 존재입니다. 불완전한 존재입니다. 그러므로 다른 성도의 부족함과 실수를 볼 때마다 아직 불완전하고 완성을 향하여 나아가는 존재라는 것을 기억하며 용납해야 합니다. 집사는 성도들을 공사 중인 존재로 이해하면서 그의 부족함을 용납하고 더 온전하게 지어져 가도록 도와주어야 합니다. 빌리 그래함 목사님의 아내인 루스 그래함(Ruth Graham) 사모님의 묘비에는 이런 문장이 새겨져 있다고 합니다. "공사를 마쳤습니다. 인내해주신 당신께 감사드립니다."(End of construction. Thank you for your patience.) 이 묘비명은 죽기 전까지 우리 모두 공사 중(under construction)이라는 것을 보여줍니다.

우리는 완전하지 않습니다. 그러므로 서로 용납하고 기다려주는 것이 중요합니다. 한편 집사로 임직받는 것은 또 하나의 공사의 시작입니다. 임직될 때부터 완벽하게 집사직을 수행하는 사람은 없습니다. 그래서 바울 사도는 골로새서 4장 17절에서 이렇게 말합니다. "아킵보에게 이르기를 주 안에서 받은 직분을 삼가 이루라고 하라." 직분이란 먼저 받아야 하지만, 받은 다음에는 그 직분에 맞는 사람이 되어 가야 합니다. 직분을 이룬다는 말에서 '이루다'의 헬라어 '플레로오'(πληρόω)는 '채우다'(fill), '완성하다'(complete), '이미 시작된 어떤 것을 마치다'(finish something already begun)[37]라는 의미입니다. 직분이란 받음으로 시작되지만, 직분을 받았다면 그에 걸맞은 사람이 되어야 합니다. 즉 그 직분에 합당한 성품과 직무 능력을 이루어가야 합니다. 집사라는 직분을 받은 우리는 이제 집사에 걸맞은 사람이 되어야 합니다. 그것이 직분을 삼가 이루라고 하는 말씀의 뜻입니다. 동시에 다른 집사와 직분자를 볼 때도 공사 중임을 기억하고 용납하는 마음을 가져야 합니다.

아군이다.

교인은 아군입니다. 바울 사도는 에바브라 디도에 관해 이렇게 말합니다. "그러나 에바브로디도를 너희에게 보내는 것이 필요한 줄로 생각하노니 그는 나의 형제요 함께 수고하고 함께 군사 된 자요 너희 사자로 내가 쓸 것을 돕는 자라"(빌 2:25). 함께 군사 된 자라는 말이 모든 성도가 아군임을 가르쳐주고 있습니다.

지상교회는 전투적인 교회입니다. 악한 영 즉 사마귀(사탄, 마귀, 귀신)가 우리를 끊임없이 공격합니다. 동료 성도는 아군입니다. 비난, 질투, 따돌림, 비방 등은 아군에게 총을 쏘는 것과 같습니다. 사마귀가 손을 대지 않고 교회를 파괴시키는 것이 교인이 아군에게 총을 쏘는 것입니다.

모든 성도는 영적 아군으로서 서로를 보호하고 도와야 합니다. 전우애가 필요합니다. 우리의 지휘관이신 그리스도의 뜻이 이루어지도록 단결해야 합니다. 아군을 적군처럼 대하는 군대가 승리할 수 없듯이 성도를 적군처럼 대하는 교회는 영적 전쟁에서 승리할 수 없습니다.

3장
성경적 교회 현장 이해

집사가 사역할 교회의 현장은 어떤 곳일까요? 교회 현장은 신본주의와 인본주의가 충돌하고, 성경적 가치관과 세속적 가치관이 충돌하고, 헌신과 안일이 충돌하고, 젊은 세대와 기성세대가 충돌하는 곳입니다. 이런 현장에 대한 이해는 집사의 직무를 더 잘 수행하게 합니다.

신본주의와 인본주의가 충돌하는 현장

교회는 마땅히 하나님 중심의 신본주의 현장이 되어야 하지만, 현실적으로는 인본주의의 현장일 수 있습니다. 교회는 인간을 존중하는 곳입니다. 하나님께서 한 사람 한 사람을 얼마나 사랑하시는지 모릅니다. 그러나 교회의 근본은 인본주의가 아닙니다. 역사의 중심은 인간이 아니라 하나님입니다.

로마서에서 바울은 이렇게 말합니다. "이는 만물이 주에게서 나오고 주로 말미암고 주에게로 돌아감이라 그에게 영광이 세세에 있을지어다 아멘"(롬 11:36). 여기서 '만물이 주에게서 나오고'라는 말은 만물을 주님께서 창조하셨다는 것입니다. '주로 말미암고'는 만물을 주님께서 섭리 및 통치하신다는 뜻입니다. 섭리(攝理)는 잡을 섭에 다스릴 리로, '잡고 다스린다'는 뜻입니다. '주에게로 돌아감이라'는 말은 주님께서 결산하시고 심판하신다는 뜻입니다. 이처럼 역사의 중심은 삼위일체 하나님이십니다.

12신조[38]의 제4조는 하나님께서 역사의 중심임을 이렇게 밝히고 있습니다. "4. 하나님께서 모든 유형물(有形物)과 무형물(無形物)을 그 권능의 말씀으로 창조하사 보존하시고 주장하신다."[39]

17세기는 왕이나 국가의 권력이 교회의 머리라고 주장하면서 교회를 핍박하던 시대였습니다. 이때 스코틀랜드의 언약도(장로교 교회 정치 형태를 성경적이라 믿고, 하나님과 백성 사이의 언약 관계를 통해서만 구원받는다고 믿는 성도)들은 하나님의 말씀대로 살기 위하여 모진 박해와 고통을 감수했습니다. 스코틀랜드의 에든버러에 가면 언약도들의 수용소였던 지붕 없는 감옥이 있습니다. 당시 프라이어스 교회 앞마당에 언약도 140명이 잡혀 왔습니다. 이들은 "교회의 머리가 누구냐?"라는 질문에 "왕입니다"라고 대답하면 풀려날 수 있었지만 "교회의 머리는 예수님이십니다"라고 하여 죽음을 무릅쓰고 신앙을 지켰습니다. 이후 그들은 지붕도 없고 울타리도 없는 감옥에 갇혔습니다. 지붕도, 울타리도 없었기에 얼마든지 탈출할 수 있었지만, 매일 밤낮으로 비바람과 눈보라가 사납게 몰아치는 스코틀랜드의 험악한 날씨를 겪으면서도 한 사람도 탈출하지 않았습니다. 탈출하면 '언약신앙'을 저버리는 것으로 생각했기 때문입니다. 140명의 언약도는 결국 지붕 없는 감옥에서 비에 맞아 죽고, 헐벗으며 추위에 얼어 죽고, 병들어 모두 죽었습니다. 이 지붕 없는 감옥에 갇힌 140명의 언약도는 우리에게 참된 믿음으로 사는 것이 무엇인가를 잘 보여줍니다. 이 신앙을 계승하여 스코틀랜드 장로교회가 생겼고, 이 언약도의 신앙은 미국을 거쳐 한국교회에 들어오게 되었습니다.[40]

이처럼 교회는 어떤 정치인이나 어떤 직분자나 어떤 유력자가 중심이 된 곳이 아닙니다. 철저하게 하나님이 중심이 되시고 모든 성도는 하나님의 통치를 받는 현장이 되어야 합니다. 간혹 교회에서 어떤 영향력 있는 사람이 중심이 되는 경우가 있습니다. 그래서 하나님이 아닌 한 인간이 통치하곤 하는데, 이것은 옳지 않습니다. 담임목사님을 비롯한 모든 구성원이 철저하게 하나님의 뜻을 구하며 나아가야 합니다. 그래서 신본주의 교회를 세워야 합니다.

장로교의 정치제도에 대해서 박윤선 박사님은 일찍이 이렇게 말씀하셨습니다. "장로교회는 신본 공화제입니다."[41] 공화제란 복수의 주권자가 통치하는 정치체제입니다. 이것은 군주제와 대비되는 것입니다. 군주제는 한 사람의 왕이 통치하지만, 공화제는 대의 민주제와 같이 여러 사람이 뜻을 모아 의사를 결정하고 회를 이끌어가는 것을 말합니다. 이것을 보여주는 것이 당회와 제직회입니다. 전 교인이 직접 참여하는 민주제인 공동의회도 있습니다. 교회는 이렇게 공화제입니다. 그런데 여기에 매우 중요한 것이 더 있습니다. 바로 신본주의 공화제입니다. 여러 사람이 모여 의논하고 의사를 결정할 때 내 생각, 내 주장, 내 욕심이 근본이 되는 것이 아니라 하나님의 뜻이 근본이 되는 공화제여야 한다는 것입니다.

집사로 임직받으면서 이것을 잊지 마십시오. 신본 공화제, 즉 항상 하나님 중심의 교회를 세우는 것을 잊지 마십시오. 그러기 위해서 집사는 성경을 부지런히 읽어야 합니다. 기도를 부지런히 해야 합니다. 경건한 사람들과 함께 하나님의 뜻을 물어야 합니다. 그리고 담임목사님과 늘 의논하며 그분을 통해 주시는 하나님의 뜻을 알아가야 합니다. 그럴 때 신본 공화제를 지키고 신본주의 교회를 세우는 참된 집사라고 할 수 있습니다.

성경적 가치관과 세속적 가치관이 충돌하는 현장

교회는 성경의 지배를 받는 곳이어야 합니다. 성경이 우리의 신앙과 행위의 유일한 법칙 즉 기준이기 때문입니다. 웨스트민스터 대요리문답[42] 제3문에 보면 "하나님의 말씀은 무엇인가?"라고 묻습니다. 이에 대한 답은 이렇습니다. "신구약 성경은 하나님의 말씀이며 신앙과 행위의 유일한 법칙이다."[43]

성경은 교회의 모든 것의 기준입니다. 간혹 집사나 교회의 지도자들이 세속적 가치관으로 생각하고 말하고 행동할 수 있습니다. 하지만 그것은 교회가 철저히 경계해야 할 것입니다. 세속적 가치관이란 무엇입니까? 황금만능주의, 권력주의, 쾌락주의로 요약할 수 있습니다. 돈이 최고, 명예와 권력이 최고, 쾌락이 최고라는 생각입니다.

우리가 깨어서 경계하지 않으면 교회는 이런 세속주의에 점령당할 수 있습니다. 하나님보다 돈을 우선으로 여기는 생각, 돈이면 다 된다는 무서운 생각, 반대로 돈이 없으면 아무것도 못 한다는 불신앙의 생각, 이 모든 것이 다 황금만능주의에 점령당한 교회의 모습입니다. 하나님은 모든 것을 만드시고 다스리시는 왕이심을 잊지 말아야 합니다. 돈으로 안 되는 것이 너무나 많습니다. 하지만 돈이 없어도 하나님은 하실 수 있음을 기억하고 전능하신 하나님에 대한 믿음을 가져야 합니다.

교회는 권력 집단이 아닙니다. 오히려 모든 권력을 가지신 예수님께서 자신을 비우시고 내려놓으심으로 우리의 구원을 이루시고 교회를 세우셨습니다. 교회는 만물 위에 있지만, 만물을 충만케 하기 위해 즉 섬기기 위해 있습니다. 교회의 모든 정신은 섬김의 정신입니다. 우리는 성공해서 권력을 누리기 위해서가 아니라 섬기기 위해서 존재합니다. 서서평(Elisabeth Johanna Shepping, 1880-1934) 선교사님처럼 우리가 추구할 것은 '성공이 아니라 섬김'(not success but service)입니다. 교회 봉사의 현장에서 권력을 행사하려고 해서는 안 됩니다.

교회는 쾌락주의를 추구하는 곳이 아닙니다. 쾌락(快樂)은 헬라어로 '헤도네'(ἡδονή)입니다. 이것은 나의 즐거움을 위해서 다른 사람을 파괴하는 것입니다. 성폭력, 비난, 중상모략, 언어폭력 등이 쾌락에 속합니다. 우리 교회에 이런 마귀적 쾌락은 없는가를 살펴보고 그런 문화가 있으면 기도하며 성령의 도움을 받아 몰아내야 합니다. 희락(喜樂)은 헬라어로 '카라'(χαρά)입니다. 이것은 다른 사람의 기쁨을 위해 자신을 희생하는 것입니다. 예수님께서 그러셨습니다. "믿음이 강한 우리는 마땅히 믿음이 약한 자의 약점을 담당하고 자기를 기쁘게 하지 아니할 것이라 우리 각 사람이 이웃을 기쁘게 하되 선을 이루고 덕을 세우도록 할지니라 그리스도께서도 자기를 기쁘게 하지 아니하셨나니 기록된 바 주를 비방하는 자들의 비방이 내게 미쳤나이다 함과 같으니라"(롬 15:1-3).

그리스도께서는 자기를 기쁘게 하지 않으셨습니다. 만약 예수 그리스도께서 자신의 기쁨을 추구하셨다면 십자가를 지고 우리 죄를 대신하지 않으셨을 것입니다. 그러나 예수님은 우리의 기쁨을 위하여, 우리의 구원을 위하여, 또한 하나님의 기쁨을 위하여, 나아가 장차 본인도 궁극적으로 기뻐할 그 기쁨을 위하여 십자가의 그 험한 고통을 담당하셨습니다.

집사는 바로 이런 예수님을 닮아가는 성도여야 합니다. 세속주의를 극복하는 선봉에 서서 담임목사님과 당회를 도우며 교우들을 섬기는 사람, 그 성도가 바로 참된 집사입니다.

또한 참된 집사는 오직 성경적 가치관을 가지고 살아야 합니다. 성경적 가치관은 다음과 같습니다.

먼저는 사랑의 이중 계명입니다. 사랑의 이중 계명은 성경의 핵심으로 하나님을 사랑하고 이웃을 사랑하는 것입니다(마 22:37-40). 이러한 하나님 사랑, 이웃 사랑이 교회의 모든 생각, 말, 행동, 의사결정의 중심이 되어야 합니다.

다음으로는 지상명령(至上命令)입니다. 가장 높은 분의 명령입니다. 그것은 모든 민족에게 복음을 전하라는 복음 전파의 명령입니다(마 28:19-20). 그런데 이 지상명령에는 다섯 개의 동사군이 있습니다.[44] 그중에 주동사는 '제자를 삼으라'입니다. 따라서 지상명령의 수행은 복음을 선포하는 것만이 아니라 주님께서 명령하신 것을 지키는 제자를 삼는 방식으로 행해져야 합니다. 즉 제자로 삼기 위해서는 가야 하고, 세례를 베풀어야 하고, 가르쳐야 합니다.

주동사를 살려서 본문을 해석하면 다음과 같습니다. "그러므로 너희는 가서(포류덴테스, πορευθέντες), 아버지와 아들과 성령의 이름으로 세례를 베풀고(밥티존테스, βαπτίζοντες), 내가 너희에게 분부한 모든 것을 지키도록(테레인, τηρεῖν) 가르쳐서(디다스콘테스, διδάσκοντες) 모든 민족을 제자로 삼아라(마데튜사테, μαθητεύσατε). 내가 세상 끝날까지 너희와 항상 함께 있으리라 하시니라."

교회가 철저하게 예수님을 닮은 제자를 키워내야 합니다. 성도들이 예수님처럼 생각하고, 예수님처럼 말하고, 예수님처럼 행동할 때 교회는 세속화를 이길 수 있습니다. 결국 제자훈련의 핵심은 왕이신 하나님의 통치를 받는 성도를 세우는 것입니다. 하나님 통치의 핵심은 성경의 권위를 최고로 높이며 순종하는 데 있습니다.

헌신과 안일이 충돌하는 현장

집사로서 교회를 섬기다 보면 속상할 때가 많이 있을 것입니다. 헌신적인 성도가 있는가 하면, 헌신하지 않는 안일한 성도도 있습니다. 일하지는 않으면서 일을 만드는 사람이 있습니다. 그래서 교회 현장은 헌신과 안일이 충돌하는 현장이기도 합니다. 이런 일을 만날 때마다 집사로서 속상하고 교회를 섬기는 의욕이 떨어지기도 합니다. 헌신과 안일이 충돌하는 교회 현장에서 우리는 어떻게 변함없이 교회를 섬길 수 있을지, 더 나아가 어떻게 교회 전체를 헌신의 현장으로 세워갈 수 있을지 살펴보겠습니다.

교회의 멤버가 된다는 것에 대해 바르게 알아야 한다. | 미국의 저명한 교회 연구가인 톰 레이너는 이렇게 말했습니다. "하나님이 우리에게 주신 지역교회는 이러저러한 특권을 누리게 하는 컨트리클럽 같은 곳이 아니다. 하나님이 우리로 교회에 속하게 하신 것은 다른 사람을 섬기고 돌보며 리더를 위해 기도하고 배우고 가르치고 베풀며, 경우에 따라서는 복음을 위해 죽기까지 하게 하시기 위함이다. 많은 교회가 연약한 이유는 성도들이 교회 멤버십의 의미를 곡해하기 때문이다. 지금은 그 의미를 바르게 할 때다. 하나님의 의도에 맞는 성도가 될 때다."[45]

컨트리클럽 멤버십은 회비를 지불한 대가로 다른 사람의 서비스를 받습니다. 하지만 성경적인 교회 멤버십은 조건 없이 베풀고 섬기는 것입니다. 십일조와 헌금을 즐거운 마음으로 드리는 것입니다. 어떠한 조건도 붙이지 않습니다. 오히려 섬김과 사역에 동참하여 헌신하는 멤버십입니다.[46]

참된 집사는 이런 성경적 관점을 가지고 성도들을 헌신의 자리로 이끌어야 합니다.

　성도들은 다양한 기질의 사람임을 기억해야 한다. | 어떤 성도는 적극적인 기질의 사람일 수 있고 어떤 성도는 소극적인 기질의 사람일 수 있습니다. 소극적인 성도는 관계가 중요합니다. 그러므로 그런 분에게는 좋은 친구가 될 성도를 연결해주는 것이 필요합니다. 그 성도를 통해 헌신의 자리로 나아올 수 있기 때문입니다. 집사는 본인이 그 역할을 하거나 그분에게 적합한 다른 성도가 돕게 할 수 있습니다.

　성도들이 다양한 상황에 있음을 기억해야 한다. | 개인의 건강, 가족의 건강, 가족 간의 갈등, 경제적 위기, 직장에서의 갈등 혹은 퇴직, 사업의 위기 등 여러 문제가 있으면 헌신의 자리를 지키기 어려울 수 있습니다. 우리는 일보다는 성도 한 사람을 소중하게 여겨야 합니다. 헌신하다가 멈춘 분들을 함부로 비난하지 말고, 그들을 위해서 진정으로 기도하며 하나님의 도움을 구해야 합니다. 그 후에 약속을 하고 만나 차나 식사를 대접하면서 대화를 나누는 것이 필요합니다. 대화를 통해 격려하고, 함께 기도하고, 하나님의 인

도 가운데 그 문제가 해결되어 헌신의 현장으로 나오도록 도와주는 것이 집사의 역할입니다.

성도간의 갈등으로 헌신의 현장을 떠날 수 있다. | 빌립보 교회와 같이 좋은 교회에도 유오디아와 순두게라는 여성 지도자의 갈등이 있었습니다. 아무리 좋은 교회에도 성도 간의 갈등은 있습니다. 그럴 때 참된 집사는 서로를 위해 기도하고, 서로가 화해하고 용납하도록 피스 메이커의 역할을 해야 합니다. 어느 한 사람의 입장에 서는 것이 아니라 모두를 사랑하며 그들이 함께 예수님을 바라보고 용납하도록 도와야 합니다. 우리는 모두 불완전한 사람입니다 (롬 13:10; 15:7).

헌신은 은혜를 받아야 할 수 있다. | 은혜는 내 영혼을 살릴 뿐만 아니라 내 몸과 인생 전체를 살립니다. 집사는 믿음이 연약한 성도가 성장하도록 도와야 합니다. 예배와 기도회에 참석하게 돕고, 소그룹(구역, 목장, 셀)에 참석하도록 이끌며, 신앙 훈련을 받도록 도와야 합니다. 이러한 훈련과 양육을 통해 그 성도의 마음에 헌신의 열정이 일어날 때 그때 그를 헌신의 현장으로 이끌어야 합니다. 헌신은 신앙

성장의 요소이며, 교회를 사랑하는 계기가 되기 때문입니다. 이 일을 위해 참된 집사는 성도들을 위해 기도하며 그들을 헌신자로 세워야 합니다.

헌신은 따를 수 있는 모범이 있어야 한다. | 어떤 일을 가르칠 때 모범이 매우 중요합니다. 가르치는 과정 4단계가 있는데, 1단계는 '무엇을 가르치려고 하는가를 말하라'(Tell him or her what), 2단계는 '왜 가르치려고 하는가를 말하라'(Tell him or her why), 3단계는 '어떻게 하는지를 보여주라'(Show him or her how)입니다. 이것이 바로 모범입니다. 무엇을 하고 왜 해야 하는지도 중요하지만 어떻게 하는지를 보여주는 것은 매우 중요합니다. 군에서 훈련받을 때 교관의 이론 교육 후에 숙달된 조교의 시범을 보면 그 훈련 내용을 보다 쉽게 배울 수 있는 것과 같습니다. 그리고 가르치는 과정의 마지막 4단계는 '계속 유지하라'(keep on going)입니다. 내가 가르치고 모범을 보인 것이 계속 유지되도록 격려하고 멘토링해야 합니다. 참된 집사는 헌신의 멘토가 되는 사람입니다. 이러한 집사가 섬기는 교회는 헌신이 왕성한 교회로 성숙해 갑니다.

젊은 세대와 기성세대가 충돌하는 현장

교회는 젊은 세대와 기성세대가 충돌하는 현장이기도 합니다. 이 문제의 해결은 기성세대의 노력에서부터 시작해야 합니다. 그러기 위해서는 먼저 기성세대인 집사가 젊은 세대를 이해해야 합니다.

청소년 세대 이해 | Z세대인 청소년은 '디지털 원주민'으로 디지털 이주민인 기성 세대가 보기에 낯선 인류입니다. 아이폰은 2007년도에 처음 출시되었습니다. 2023년 기준 고등학교 1학년 학생들의 출생 연도와 같습니다. 즉 청소년은 스마트폰이 없는 시대를 살아본 적이 없는 세대입니다. 이들은 기술 친화적이고, 수평적 인간관계, 익명성, 개방성, 다양성, 연결성, 초월성과 같은 특징을 지니고 있습니다.

요즘 청소년을 '밈 세대'라고 규정합니다. 밈(Meme)은 인터넷에서 이미지, 동영상, 해시태그(#), 유행어 등의 형태로 급속히 확산해 사회 문화의 일부로 자리 잡은 소셜 아이디어, 트렌드 등을 일컫습니다. 즉 인터넷에서 시작된 유행이 각종 커뮤니티나 SNS를 통해 재창조되는 패러디물입니다.[47]

청소년 세대는 크게 두 가지 특징이 있습니다. 첫째, 모델링 엘더스(Modeling Elders)로서 신앙 형성에서 기성세대를 모델링하는 특징을 강하게 보입니다. 그러므로 기성세대가 그들에게 신앙의 모델이 되어야 합니다. 참된 집사는 청소년에게 모델이 되는 성도입니다. 그렇지 않으면 다음 세대는 교회를 떠나고 심지어 신앙생활을 떠날 수 있습니다. 데이비드 킨나만(David Kinnaman)은 자신의 책(You Lost Me)에서 다음 세대가 신앙에서 이탈하는 원인을 이렇게 말합니다. "결정적인 요인은 부모 신앙의 이중성이다. 부모의 모습에서 하나님을 느끼지 못할 때, 삶에서 하나님에 대한 질문을 해결하지 못할 때, 다음 세대들은 하나님을 떠난다." 그런 의미에서 기성세대인 부모와 집사들의 역할이 매우 중요합니다. 기성세대는 다음 세대의 신앙에 디딤돌이 될 수도 있고, 걸림돌이 될 수도 있습니다.

둘째, 메이킹 엔바이런먼트(Making Environment)로서 청소년은 문화 형성에서 온라인과 오프라인을 양손잡이처럼 활용하는 특징이 있습니다. 밈 세대는 더 이상 아무것도 모르는 아이들이 아닙니다. 디지털 네이티브인 밈 세대 영향력은 온라인에서는 기성세대를 압도합니다.

청소년 사역은 위기가 아니라 재도약할 수 있는 기회입

니다. 청소년은 이전 어떤 세대보다 가장 똑똑한 세대이며 가장 큰 영향력을 지닌 밈 세대이기 때문입니다. 밈 세대인 청소년은 다음 세대의 주역이 아니라 이미 현시대의 주역입니다. 밈 세대는 무한한 가능성의 세대입니다. 참된 집사는 청소년들의 이런 흐름을 이해하며 담임목사님과 함께 그들을 도와야 합니다.[48)]

청년 세대 이해 | M세대인 청년들(3040세대)은 인간의 수명이 연장되면서 분포 비율이 30% 넘게 증가했습니다. 이들이 어떻게 사는지에 따라 개인과 사회가 영향을 받을 수밖에 없습니다. 일반 사회보다 고령화가 더 심각한 교회 역시 새로운 청년층에 해당하는 이 연령대에 주목하고 있습니다.

3040세대는 직장에서의 불안한 위치와 과중한 업무, 가정에서의 육아 및 가사 부담으로 인해 교회 활동에 소극적으로 참여함으로써 자칫 신앙이 침체기로 접어들 위험이 있는 세대입니다. 오늘날 한국 사회와 교회에서 새롭게 등장한 대표 세대입니다. 특히 이 세대는 대부분 젊은 부부로 구성되어 있어 이들이 침체에 빠질 경우 교회학교도 약화할 수밖에 없습니다. 이는 단순히 3040세대만의 문제가 아니라 다음 세대까지 그 파장이 미친다는 것이며, 결국 한국교회의 미래도 좌우된다고 할 수 있습니다.

중년기에 접어드는 3040세대는 인생에서 큰 전환기를 맞이합니다. 개인의 정체성 면에서나 신앙적인 면에서 많은 혼란을 경험하기 때문입니다. 이 세대는 흔히 신세대도 쉰 세대도 아닌 '낀 세대'라고 불립니다. 특히 40대는 '잊혀진 세대'라고 불릴 만큼 정체성이 매우 약합니다. 이 시기는 20대에 사회생활을 시작해 결혼과 함께 새로운 가정을 형성하면서 생활 환경의 큰 변화를 경험하는 시기입니다. 또 부모 의존에서 벗어나 분가와 자녀 출산으로 새로운 삶을 개척해 나가는 시기이기도 합니다.

교회 안의 3040세대 역시 마찬가지입니다. 청년 세대를 마감하고 기성세대로 넘어가는 과정이지만, 기성세대에 대한 거부감으로 장년부에 쉽게 편입되지 못합니다. 삶의 불안정과 분주함으로 신앙도 약화하기 쉽습니다. 대면 예배 출석 비율이 가장 낮은 연령대가 이 세대이고, 요즘 이슈로 떠오른 '플로팅 크리스천'(온라인상에 떠다니는 성도)도 이 세대가 주도하고 있습니다. 가나안 성도의 주된 연령대 역시 40대입니다. 3040세대는 한국교회의 약한 고리가 되고 있습니다.[49]

이 세대는 이전 세대와 달리 내 집 마련은 현실적이지 않다고 포기했고, 자녀를 위한 양육비를 감당하기 위해 맞벌이가 일반화된 세대입니다. 그러다 보니 연애와 결혼, 출산을 포기한 3포 세대로 불리며, 앞으로 우리 사회에서 최초로 부모보다 잘살지 못하는 세대가 될 가능성이 큽니다. 사회가 발전하면서 자녀 세대는 언제나 부모 세대보다 경제적으로 풍요로운 삶을 살았지만, 지금의 30대는 그렇지 않을 가능성이 큽니다. 그러면서 욜로(YOLO, You Only Live Once), 워라벨(Work and Life Balance)이 자연스럽게 이들의 가치관으로 자리 잡았습니다.[50]

안타까운 것은 3040세대는 종교에 큰 관심이 없는 것입니다. 인구 비율은 높지만 교회 안의 3040세대는 현재 대면 예배 출석률이 가장 낮아서 '잠재적 가나안 성도'가 상당수에 이를 것으로 추정되고 있습니다. 그들은 인생의 전환기에서 혼란을 겪고 있습니다. 20대의 뜨겁고 의욕 넘치는 신앙에서 다소 진지하고 보다 원숙한 신앙으로 변화하는 과정을 겪습니다. 그러나 흔들리지 않는 자기 고백적 신앙을 갖기에는 여전히 많은 경험이 필요한 상황입니다. 더구나 직장에서의 불안한 위치와 과중한 업무, 가정에서의 육아 및 가사 부담으로 인해 자칫 신앙이 침체기로 접어들 위험이 있습니다. 주일에 교회에 와도 어린아이를 돌보느라 예배에 집중하지 못하고 모임에 참여하기도 어려운 경우가 많습니다. 실제로 각 교회 청·장년부 모임이 이런 이유로 활성화되지 못하고 있습니다.[51]

이러한 경향은 교회 직분에 대한 생각에서도 나타납니다. 3040세대는 교회 직분에 대해 '당연히 맡아야 할 사명으로 감사하게 감당하고 있다'는 생각이 50%에 그쳤습니다. 그리고 '교회에서 주어진 것이므로 별다른 생각 없이 하고 있다'는 응답(40.2%)이 적지 않았는데 이런 생각은 30대에서 더 강했습니다. 교회에서 중직을 맡긴다면 어떤 태도를 보일 것인지에 대한 질문에는 '열심히 하고 싶다'는 응답이 12.2%밖에 되지 않았고, '부담스럽지만 받아들인다'는 소극적 수요자가 29.4%였습니다. 절반이 넘는 58.5%는 '하고 싶지 않다'고 응답해, 다수는 직분에 대해 거리를 두는 입장을 보였습니다.[52]

이런 결과는 젊은 세대들이 위계질서를 불편해하고, 그러한 생각이 교회의 직분에 대한 인식에도 그대로 반영되고 있음을 보여줍니다. 최근 젊은이들 사이에서는 한국 사회 연고주의의 근간인 동창회, 향우회, 친족 모임은 약화되고, 취미 활동이나 관심사를 나눌 수 있는 여러 형태의 동호회 등이 활발합니다. 이 같은 현상은 상하관계와 위계

질서를 중요하게 여겨 선후배나 손위, 손아랫사람을 따지는 것을 젊은 세대들이 불편하게 여기기 때문입니다. 마찬가지로 교회의 직분도 위계 서열을 특징으로 하기에 기피하는 것입니다.[53] 한국교회 중직자 의식조사에서는 직분자들 사이에 위계질서가 중요하다는 응답이 80.3%로 한국교회에서 위계질서가 여전히 강조되고 있는 것으로 나타났습니다. 3040세대에게는 이러한 점이 불편한 것입니다.[54] 참된 집사는 이런 상황을 알고 젊은이들을 배려해야 합니다.

2부

집사의 직분

우리가 맡은 소중한 직분인
집사의 직분에 대해서 알아보며 집사직에 대한
성경적 이해, 성경이 말하는 집사의 자격,
집사의 역할에 대해서 살펴봅니다.

1장
집사직 이해

　미국 정통장로교회(Orthodox Presbyterian Church)의 선교사로 우리나라에서 활동한 하도례(Theodore Hard, 1925-2009) 선교사는 그의 눈에 비친 한국교회의 모습을 이렇게 표현하였습니다. "한국교회의 모든 장점과 활기에도 불구하고 너무나 많은 집사들이 대부분 거의 하는 일이 없다는 사실에 필자는 크게 실망하고 있다. 그들에게 집사란 흔히 하나의 명예적 직분일 뿐이고 장로가 되기 위한 하나의 디딤돌에 불과하다."[55] 집사직에 대한 올바른 이해가 부족했던 70년대 한국교회의 모습을 하도례 선교사가 1981년 논문에서 밝힌 것입니다. 하지만 40여 년이 지난 지금도 이런 모습이 나타날 수 있습니다. 그렇다면 성경은 집사직에 대해서 무엇을 말하고 있을까요?

집사라는 용어

집사라는 단어는 신약성경을 기록한 헬라어 명사로서 '디아코노스'(διάκονος)이며, 하인(minister), 종(servant)을 의미합니다. 어원이 같은 명사인 '디아코니아'(διακονία)는 봉사(service), 사역(ministry)을 의미하며, 동사 '디아코네오'(διακονέω)는 봉사하다, 섬기다, 제공하다, 누군가를 돕다를 의미합니다.[56]

명사 '디아코노스'(διάκονος)는 어원적으로 '디아'(δια, 통하여)와 '코니스'(κονίς, 먼지)의 합성어일 가능성이 있습니다.[57] 그렇게 본다면 집사는 먼지를 뚫고 들어가 그것을 청소하고 정리하는 사람이라는 뜻도 있다고 할 수 있습니다.

영어로 집사는 '디콘'(deacon)이라고 하는데 헬라어 '디아코노스'에서 유래한 것입니다. 그러므로 집사는 하나님과 다른 사람의 종이 되어 섬기는 직분을 감당하는 사람입니다. 섬김의 직분을 잘 감당하고 있지 않다면 참된 집사라고 할 수 없습니다.

그러나 이 섬김은 절대로 낮은 직분이 아닙니다. 만왕의 왕이신 예수님도 섬기러 오셨기 때문입니다. 마태복음 20장 28절에서 예수님은 "인자가 온 것은 섬김을 받으려 함이 아니라 도리어 섬기려 하고 자기 목숨을 많은 사람의 대속물로 주려 함이니라"고 하셨습니다.[58] 누가복음 22장 27절에서는 "앉아서 먹는 자가 크냐 섬기는 자가 크냐 앉아서 먹는 자가 아니냐 그러나 나는 섬기는 자로 너희 중에 있노라"[59]라고 하셨습니다. 중요한 것은 예수님도 섬기는 분이셨다는 것입니다. 만왕의 왕이 섬기는 종의 모습으로 오셨습니다. 그래서 이사야는 오실 메시아를 왕이시지만 '고난 받는 여호와의 종'으로서 메시아 사역을 감당하실 것을 예언한 것입니다.[60]

섬기는 것은 낮은 것이 아닙니다. 하나님의 뜻을 위한 길이라면 섬김의 길도 예수님처럼 영광의 길입니다. 모든 그리스도인이 예수님을 닮아 추구해야 할 삶의 모습입니다. 참된 집사는 교회 안에서 군림하지 않습니다. 오히려 섬김의 자리로 나아가는 것을 기쁨으로 감당합니다.

예수님께서는 "사람이 나를 섬기려면 나를 따르라 나 있는 곳에 나를 섬기는 자도 거기 있으리니 사람이 나를 섬기면 내 아버지께서 그를 귀히 여기시리라"(요 12:26)[61]라고 말씀하셨습니다. 참된 집사는 주님이 계신 그곳에서 주님의 뜻을 따라 섬기는 사람입니다.

집사직 출발의 배경

집사직은 교회의 문제로부터 시작했습니다. 그 문제는 초대교회가 성장하면서 생겨난 성장통이었습니다. 초대교회에서 발생한 한 가지 문제는 매일의 구제에서 헬라어를 사용하는 유대인[62] 과부들이 도외시된다는 것이었습니다. 열두 사도는 이 문제에 관한 소식을 접하고 이를 꼭 해결해야 한다고 생각했습니다. 이 문제를 해결하지 않고 방치하면 결국 교회가 분열될 수 있다는 것을 잘 알고 있었기 때문입니다.[63]

사도들이 하나님의 뜻 안에서 발견한 해결책은 과부들에게 매일 음식 나누어주는 일을 할 일곱 명을 뽑아 그들에게 그 일을 맡기는 것이었습니다. 하지만 성도 섬기기를 원하는 사람들이라고 해서 아무나 선택할 수는 없었습니다. 그들은 성령이 충만하고 칭찬받는 사람들을 선택해야 했습니다. 결국 이 문제를 해결할 일곱 명이 임직됨으로써 사도들은 '기도하고 말씀을 전하는 사역'에 전념할 수 있었습니다(행 6:4).[64]

집사를 세운 목적은 문제를 해결하기 위함이었고 집사를 세운 후 초대교회는 그 문제를 해결하고 놀라운 부흥을 경험했습니다. "하나님의 말씀이 점점 왕성하여 예루살렘에 있는 제자의 수가 더 심히 많아지고 허다한 제사장의 무리도 이 도에 복종하니라"(행 6:7). 집사들이 봉사 사역을 잘 감당하니 사도들이 기도하는 일과 말씀 사역에 전심전력하게 되어 이런 결과가 나타난 것입니다. 이렇게 참된 집사는 교회의 위기 때 문제 해결자로 나서는 사람입니다. 초대교회 집사들은 충격 흡수 장치 역할을 했습니다. 이들은 불평과 걱정을 흡수해 경건하게 해결했고, 이로써 성도들이 하나 되어 전도함으로써 말씀을 듣기 위해 몰려오는 사람들이 더 많아지게 했습니다.[65] 사도들은 기도로 잘 준비한 말씀을 선포했고 많은 사람이 구원받았습니다. 참된 집사의 사역은 이렇게 목회자들을 돕고, 나아가 교회를 부흥시키는 데 밑거름이 됩니다.

김헌수 박사는 집사직을 세운 후 일어난 초대 예루살렘 교회의 변화에 대해서 이렇게 말했습니다.

'말씀의 피조물'(라틴어, *creatura verbi*)인 교회는 말씀의 봉사와 함께 더욱 강력하게 전진하였습니다(행 12:24, 19:20). 주님께서 교인의 숫자가 심히 더 많아지게 하셨고 제사장들도 많은 수가 사도의 가르침에 복종하였습니다. 사실 그전까지 제사장들은 여러 가지 방식으로 사도들의 복음 전파를 방해하려고 하였습니다(참조. 행 4:1, 6, 5:17). 그런데 교회가 직분을 구비하여 전진하자, 그때까지 연합하여 전선을 형성하고 있던 제사장 집단 안에 균열이 생겼습니다. 집사라는 직분이 이렇게 중요한 역할을 한 것입니다. 주님께서는 직분을 통해 교회를 다스리시기 때문에, 지혜와 성령이 충만한 직분자가 있으면 교회가 전체적으로 큰 유익을 얻습니다. 사도와 집사들이 각각 영적인 일과 재정적인 일을 나누어서 감당했을 때, 교회는 주님의 복 주심 아래에서 흥왕하였습니다.

사도행전 6장에서 헬라파 유대인과 히브리파 유대인의 갈등이 있을 때, 주님께서는 장로나 사도를 더 세우지 않았습니다. 집사라는 새로운 제도를 세우셨습니다. 이로써 주님의 식탁에서 말씀의 봉사와 구제의 봉사가 나란히 이루어졌고, 교회는 흥왕하며 전진하였습니다. 사도행전 6장에 기록된 집사의 직분을 요약하면, 집사직은 하나님께서 제정하신 것이고, 영속적인 직분이며, 봉사적인 것이고, 영적인 성장과 교회의 사명 감당에 중요한 직분이었습니다."[66]

집사직의 교회사적 변천

1세기에서 4세기까지는 집사직의 황금기라고 부릅니다. 그때 집사들이 초대교회의 집사직을 잘 계승하며 아주 중요한 헌신을 했기 때문입니다. 그러나 4세기부터 15세기까지 중세 로마 가톨릭 시대에 집사직이 변질되었습니다. 봉사의 직분보다 예배 때 감독을 보좌하며 사례를 받는 전임 직업이 되었고, 사제직으로 가는 디딤돌의 역할을 하였습니다. 이는 초대교회의 집사직과는 다른 변질이었습니다. 종교개혁기에 이르러 개혁자들은 상하고 곪은 집사직을 초대교회의 모델로 개혁했습니다. 그리하여 16세기에서 19세기까지 종교개혁자들은 자신들이 개혁한 모델을 정착시키고 발전시켰습니다. 19세기는 산업혁명으로 발생한 도시 빈민들에 대한 사역으로 집사의 사역이 확대되었습니다. 20세기에는 집사들이 많은 교육을 받으면서 더 효과적으로 집사직을 감당했습니다. 현재의 집사직은 섬김의 범위가 크게 확장되어 나눔, 치유, 화해의 사역을 교회와 사회에서 감당하고 있습니다.

1세기에서 4세기까지의 집사직 | 초기의 기독교는 교회의

조직과 직분을 정교하게 할 이유가 거의 없었습니다. 예수님이 승천하신 후 곧 다시 오시리라고 생각했기 때문입니다. 그러나 집사의 직분을 세워야 하는 일이 발생했습니다. 헬라파 유대인 과부와 히브리파 유대인[67] 과부 사이에 갈등이 생긴 것입니다. 이 문제를 해결하기 위해 사도들은 일곱 명을 안수하여 세웠습니다.

그런데 일곱 명이 안수받아 세워질 때 그들을 집사라고 부른 것은 사도행전 6장에 나오지 않습니다. 그러나 2세기 말에 『이단들에 대하여』(Against Heresies, A.D. 185년경)에서 초기 교부[68]이자 기독교 신앙의 변증자인 리용의 이레니우스(Irenaeus of Lyons, A.D. 135-200년경)는 이렇게 칭송했습니다. "사도들에 의해서 선출된 첫 번째 집사인 스데반은 주님의 순교의 발자국을 따라간 첫 사람이었습니다. 스데반과 여섯 명은 첫 집사들이었습니다. 이러한 전통이 지금까지 전달되었습니다."[69]

사도행전 6장보다 명료하게 집사직을 소개한 구절은 빌립보서 1장 1절, 로마서 16장 1-2절, 디모데전서 3장 8-13절입니다. 디모데전서는 교회의 조직에 대해 보여주는데, 특별히 3장 1-13절과 5장 17-22절에서 바울은 교회의 세 직분으로 감독, 장로, 집사를 언급합니다. 한편 감독과 장로를 하나의 직분에 대한 두 개의 호칭(two titles for one office of episkpos-presbyteros)으로 보기도 합니다. 그래서 교회의 직분을 두 개의 직분, 즉 감독-장로와 집사로 보기도 합니다.[70]

1세기에서 4세기까지 집사는 교회에서 가장 중요한 역할을 감당했습니다. 그리하여 이그나티우스는 "모든 사람은 집사들을 반드시 존경해야만 한다. 집사들은 주님의 사역을 위임받았기 때문이다"라고 했습니다. 이그나티우스는 집사들을 자신의 동료 종 또는 노예라고 불렀습니다. 집사들은 그의 보좌관으로, 동료로, 메시지의 전달자로 역할을 했습니다. "단지 음식과 음료를 섬기지 말고 오히려 하나님의 교회를 섬기라. … 여러분은 집사를 하나님의 법에 따라 존경하라."[71] 예배를 드리는 동안 집사들은 문지기(doorkeepers), 회중들의 좌석 정리, 질서 유지, 잡담 방지, 조는 것과 예배 방해 방지 등 예배 안내 역할을 했습니다.[72]

박해의 시대에 집사들은 그들의 감독과 함께 순교의 자리에 들어갔습니다. 키프리안의 집사들도 A.D. 258년 9월 14일 카르타고에서 키프리안과 함께 순교했습니다. 같은 해 로마의 감독과 그의 집사들이 카타콤에서 예배를 인도하다가 체포되어 8월 6일에 순교했습니다. 나흘 후 그들의 동

료이자 그 유명한 집사 로렌스가 순교했습니다.[73]

이렇게 4세기까지 집사는 교회에서 매우 중요한 역할을 했습니다. 그래서 이때를 집사직의 황금기라고 부릅니다.

4세기에서 15세기까지의 집사직 | 콘스탄틴 황제(A.D. 306-337) 이전까지 4세기 초기의 교회는 로마제국의 대박해(great persecution, A.D. 303-312)를 경험했습니다. 리시니우스(Licinius)는 A.D. 313년에 기독교 신앙의 자유를 공표했습니다. 이처럼 4세기의 교회는 교회를 둘러싼 환경, 교회의 성장과 국가와의 관계에서 급격한 변화를 경험했습니다. 콘스탄틴 황제는 비록 죽을 때까지 세례를 받지 않았지만, 교회 건물의 건축비를 지원하고, A.D. 325년에 열린 니케아 종교회의의 경비를 지원하였으며, 교회가 재산을 소유할 수 있도록 허락해 주었습니다(A.D. 321). A.D. 380-382년에 데오도시우스 황제는 칙령과 공의회를 통해 제국의 백성들에게 정통 기독교 신앙생활을 하도록 요구하였습니다. 80년이 되기도 전에 기독교는 박해받는 소수에서 로마제국의 공식적인 종교가 되었습니다.

이제 교회의 규모는 성장했습니다. 예배 장소도 가정 교회에서 금과 은으로 장식된 거대한 예배당으로 옮겨졌습니다. 예배 인도자들은 특별한 예배 의상을 입었습니다. 감독, 장로, 집사라는 교회의 직분은 교회로부터 사례를 받는 전임직업이 되었습니다.[74]

그렇게 된 이유는 이 시기에 집사가 예배 때 감독을 보좌하기 시작했고, 세례와 성찬식에서도 보좌했기 때문입니다. 즉 집사직이 사제로 가는 디딤돌이 된 것입니다. 이것은 신약성경이 말하는 집사직에서 이탈한 것이었습니다. 15세기까지 집사는 거의 전적으로 예배를 돕는 역할을 했습니다. 집사직은 사제가 되기 위한 준비였습니다. 이에 16세기의 종교개혁자들은 상하고 곪은 집사직을 초대교회의 모델로 개혁하는 것을 추구했습니다.[75]

종교개혁기의 집사직 | 루터는 모든 그리스도인이 하나님께 직접 나아갈 수 있으며 성경을 읽을 수 있다고 선포했습니다. 개혁된 교회에서 평신도들은 사회 봉사와 교육에서 중요한 역할을 했습니다. 루터는, 목사의 가장 중요한 역할은 복음을 전파하는 것이라며 기독교 세계의 가장 높은 직무는 설교라고 했습니다. 그는 또한 집사직에 대한 적합한 역할에 대해 언급했습니다. 집사의 직무는 가난한 사람들을 구호하는 것이며 그 결과 사제들이 기도와 말씀에 전념

하도록 돕는 것이라고 했습니다.

집사직은 지금 하고 있는 것처럼 복음서와 서신서를 읽는 것이 아닙니다. 오히려 가난한 사람들에게 교회의 구호품을 분배하는 것입니다. 그 결과 사제들이 말씀과 기도에 더 전념하게 하는 것입니다. 이것이 우리가 사도행전 6장 1-6절에 읽고 있는 집사직을 제정한 목적입니다.[76]

칼빈은 『기독교강요』 초판에서 이미 집사직에 대해 묘사했습니다. "이것이 집사의 직무입니다. 가난한 자를 돌보고, 그들을 섬기는 것입니다. 그들의 명칭이 이 섬김의 직무에서 나왔습니다. 오늘의 교회가 그런 집사를 가지고 있습니까? 가톨릭 사제들은 집사의 직무가 사제를 돕는 것, 즉 성례를 돕고 예배 중에 복음서와 서신서를 읽는 것이라고 말하는데 성경 어디에서도 그러한 집사의 사역은 없습니다."[77]

칼빈은 로마서 12장 6-8절을 근거로 집사직의 두 가지 역할을 말했습니다. 첫째는 가난한 사람에게 재정을 나누어 주는 것이며, 둘째는 병든 자를 돌보기 위해 과부나 다른 섬기는 자들을 보내는 것입니다.[78] 더불어서 칼빈은 펀드를 만들어 가난한 외국인도 구호하였는데, 집사들이 이 일까지 감당했습니다. 또한 칼빈은 제네바의 집사직 모델을 개혁교회에 전파했습니다. 새로운 개혁교회의 집사들은 지역교회의 재정을 관리하면서 가난한 사람들을 도울 뿐 아니라 사회의 어려운 사람들을 돕는 역할까지 감당했습니다.[79] 칼빈의 계승자인 테오도르 베자도 집사들로 하여금 본질적으로 행정적이며 직접적으로 가난한 사람을 돕는 일을 하게 했습니다. 그들은 설교를 하지 않았습니다(They did not preach).[80]

이렇게 종교개혁기의 집사직 개혁은 성경에 나오는 집사의 직무로 돌아가는 것이었습니다. 그리하여 성경적 집사의 직무가 회복되었습니다.

16세기에서 19세기까지의 집사직 | 16~19세기는 주요 종교개혁자인 루터(1546년), 부써(1551년), 멜랑히톤(1560년), 칼빈(1564년)의 죽음 이후 250년간 집사직과 관련한 종교개혁이 정착하고 발전한 시기였습니다. 이 시기의 특성은 가난하고 교육받지 못한 사람들의 상황을 조금이라도 해결하려는 노력이 있었다는 점입니다. 종교개혁 기간에 집사직(diaconate)은 중요하고 다양한 직분으로 증명되었습니다. 집사는 교회와 지역에서 사회복지(social welfare)를 위한 중요한 책임을 가지고 있었습니다. 그러한 사회복지를 위해

교회가 국가와 함께 일하든지 혹은 독자적으로 하든지 집사는 돈을 관리하고 영향력을 끼쳤습니다. 종교개혁 이후 집사들은 사회복지 역할을 계속했습니다. 그러나 점차 정부의 후원으로 가난한 사람들을 돕는 사람들이 복지의 주도적인 역할을 감당했습니다. 이에 집사는 교회 안에서 가난한 사람들을 돕는 사역을 하게 되었습니다. 18세기 후반까지 가난한 사람들을 돌보는 일은 중세 시대와 유사했습니다. 사회적 필요는 16세기 후반과 17세기, 18세기 초반까지 매우 유사했습니다. 주기적인 식량부족은 혁명적으로 생산성을 증가시킨 18세기의 농업과 산업혁명 이전까지 일반적이었습니다. 산업혁명은 사람들을 도시와 공장으로 끌어들였습니다. 도시의 삶과 바뀐 직업의 조건은 교회와 집사직에 영향을 미쳤습니다.[81]

스위스 개혁교회는 적어도 두 개의 사회복지 모델을 가지고 있었습니다. 첫째는 제네바 모델로, 목사, 장로, 박사(doctors=teachers)를 포함한 교회구조 안에서 교회 재정과 가난한 사람들을 돕는 일의 책임을 집사에게 맡겼습니다. 둘째는 취리히 모델로, 집사를 사회복지 공무원(officers)으로서 국가와 시의 공무를 대신하게 했습니다. 존 녹스(1505년과 1515년 사이에 출생, 1572년 소천)와 그의 친구들은 제네바

망명 후 1559년에 스코틀랜드로 돌아와 제네바 모델의 집사직을 사용했습니다.[82]

1603년에 엘리자베스 여왕이 죽은 후 40년간 청교도는 영국교회를 장로교 또는 개혁교회의 신학을 따라 재건할 기회를 가졌습니다. 영국의 내전(the civil wars in England, 1642-1646, 1648)[83] 기간 중이던 1643년 7월 1일, 영국 의회는 웨스트민스터에서 총회를 소집했습니다. 그 목적은 교회의 개혁에 대해 조언하기 위함이었습니다. 교회의 예배, 권징, 교회 행정의 많은 부분을 더 온전하게 개혁할 필요가 있었기 때문입니다. 교회 행정의 형태에 있어서 웨스트민스터 총회는 다음과 같이 권고했습니다. "교회에서 구별된 직분으로서의 집사는 … 그 직분이 영속적이며 … 그의 직분에는 하나님의 말씀을 설교하는 것 또는 성례를 집행하는 것이 속하지 않는다. 오히려 가난한 자에게 필요한 것을 분배하는 특별한 돌봄을 행하는 것이 속한다."[84] 이렇게 영국 청교도는 성경과 종교개혁의 전통을 이어받았습니다.

1788년 미국 전역을 포괄하는 총회(General Assembly)가 설립된 미국장로교회(The Presbyterian Church in the United States of America)에는 그 산하에 대회(synods)가 있었고, 그 산하에 노회(presbyteries)가 있었습니다. 미국장로교회는 집

사의 직책을 '수금원'(Collectors)이라고 부르기도 하였는데, 이는 이 용어를 1717년 이전 아일랜드 장로교회가 사용했고 칼빈 시대에 제네바 개혁교회에서 프랑스 피난민 구호금을 수금하는 집사들에게 사용했기 때문입니다.[85]

주요 종교개혁자들의 사후 250년 동안 교회와 사회의 필요에 적합한 집사직 모델이 종교개혁의 정신 아래 발전하고 변화해왔습니다. 각 교단은 선조들의 표준 위에서 그 교단의 필요에 따라 집사직을 그대로 유지하거나 변화시켰습니다. 집사직의 발전은 19세기와 20세기에도 계속되어 새로운 형태를 만들기도 했습니다.[86]

19세기의 집사직 | 19세기 전반에 유럽으로 산업혁명이 확대됨에 따라 영국이 이미 경험한 도시화와 혼잡한 생활이 유럽에도 전달되었습니다. 산업혁명은 사람들을 도시로 몰려들게 하였습니다. 하지만 임금은 상대적으로 낮아서 도시로 몰려든 사람들은 한 방에서 가족 전체가 사는 열악한 환경에서 지내야 했습니다. 상수도가 부족하고 하수 시스템도 부족했습니다. 이러한 도시의 상황으로 질병이 만연하게 되면서 유럽에서의 기대수명은 시골보다 도시가 낮았습니다. 게다가 콜레라가 유럽의 도시들을 휩쓸고

지나갔습니다. 이러한 산업혁명을 미국도 경험했습니다. 이제 유럽과 미국은 이러한 도시의 생활 문제를 해결할 필요가 있었습니다. 이를 위해 개인과 사회단체들이 노력했고, 특별히 교회는 19세기에 주요한 노력을 했습니다.[87] 도시 빈민을 돕는 사역을 했고 빈민을 위한 구호기금을 마련하여 돕기도 했습니다. 교회 울타리를 넘어 가난한 사람들을 돕는 사역을 한 것입니다.

제네바 교회의 집사는 19세기의 전반 50년 동안 빈민을 위한 세탁 봉사, 빈민의 주택 문제 해결을 위해 시 당국에 도움 요청, 제멋대로 사는 아이들(unruly children)을 돕는 시설 지원, 예배드리는 동안 교회당 밖에서 당나귀들의 울음소리로 예배가 방해될 때 이를 해결하도록 시에 호소하는 일, 주일 저녁에 아이들 신앙교육, 여성들의 소녀들 신앙교육과 바느질 교육 지원, 저녁에 학생들이 학교 숙제를 잘하게 돕는 일, 도서 대여, 성도의 가정 방문 등을 했습니다. 19세기 후반에는 칼빈의 집사직 개념을 폭넓게 따라갔습니다. 그들은 사례를 받지 않는 자원봉사자들이었고 별도의 직업을 가지고 있었습니다.[88]

20세기의 집사직 | 이 때의 집사직은 시대의 변화에 엄

청나게 반응한 것이었습니다. 20세기를 시작할 때는 19세기 집사직의 제도와 생활 방식을 그대로 이어받은 것이었으나, 산업화된 국가의 생활 방식은 기술의 발전으로 극적인 변화를 경험했고 집사직도 큰 변화를 겪게 되었습니다. 비록 19세기 후반에는 많은 문제가 있었을지라도 20세기는 그 문제들이 해결되는 시기였습니다. 특별히 기술의 영역에서 그러했습니다. 예를 들면, 현대적인 배관 기술의 발달로 깨끗한 물이 상수도를 통해 공급되었습니다. 이것은 수많은 사람이 편리하게 살고 건강하게 사는 혁명을 이루었습니다. 많은 사람은 인간이 자기들의 문제 대부분을 해결할 수 있다고 확신했고, 19세기 후반의 이러한 낙관주의는 20세기로 이어졌습니다. 그러나 두 번의 세계대전과 경제 공황이 20세기 전반부를 휩쓸었습니다. 제1차 세계대전이 유럽의 자신감을 완전히 흔들어 놓았고 사람들의 삶의 방식을 바꿔놓았습니다. 교회는 전쟁의 공포와 인간의 죄성을 보면서 자유주의에서 돌아서서 성경으로 돌아오게 되었습니다. 낭만적인 긍정주의와 자기만족의 거품이 깨끗이 사라져버렸습니다.[89] 게다가 집사들은 기존 직분에 더하여 여러 면에서 전문가가 되었습니다. 그들은 더 많은 교육을 받은 사람들이었기에 교회와 지역 사회와 교단 안에

서 여러 역할을 감당했고, 국제적인 모임을 만들어 서로 협력하기도 했습니다.[90]

현재의 집사직 | 현재의 집사직은 크게 두 가지 흐름이 있습니다. 하나는 구제 사역을 잃어버리는 흐름이고, 다른 하나는 구제 사역을 확대하는 흐름입니다. 각자 우리가 섬기는 교회는 어떤 흐름 속에 있는가를 살펴보아야 합니다.

첫 번째 흐름을 살펴봅시다. 초대교회에서는 집사들이 부지런히 공동체를 심방하며 병들고 가난한 이들, 고아와 과부를 찾아가 위로하고 도움을 주었습니다. 중세에 들어서면서 집사직은 예배 때 사제를 돕는 단순 보조자 역할로 변모했습니다. 종교개혁가들 가운데는 존 칼빈만이 집사직을 되살려, 가난하고 형편이 어려운 이들을 돕는 사역을 맡겼습니다. 하지만 지난 한 세기 동안 개혁교회 집사들은 다시 존재 이유를 잊어버리기 시작해 차츰 회계 담당자나 관리인처럼 변해 가고 있습니다. 뭇사람들의 신체적, 경제적 필요를 살피는 긍휼 사역은 서서히 집사의 손을 떠나고 있습니다.[91]

두 번째 흐름을 살펴봅시다. 제2차 세계대전 이후 빈민과 사회적 약자에 대한 교회의 사명이 요청되었습니다. 이는 교회의 섬김 사역의 상징인 집사에 대한 관심을 집중시켰습니다. 이 모든 것은 집사의 역할을 최전선으로 옮겨놓았습니다.[92]

지난 두 세기 동안 디아코니아와 동일시되는 섬김의 범위는 매우 크게 확장되었습니다. 특히 개신교 교회 안에서 그러했습니다. 그 섬김의 사역은 나눔, 치유, 화해로서 그것은 교회의 본질이었습니다.[93]

시대의 흐름에 따른 집사직의 변천을 보면서 우리는 다시 초대교회의 집사직으로 돌아가야 합니다. 우리 교회의 집사직은 어떠한지 살펴보고 잘된 점은 서로 응원하고 개선할 점이 있다면 개선해야 할 것입니다.

2장
집사의 자격

 오랫동안 인도에서 선교사로 사역한 카마이클은 "우리의 사역은 우리의 삶 자체보다 결코 깊어질 수 없다"라는 말을 자주 했다고 합니다. 우리는 어떤 직분을 맡아 일하려고 하기 전에 먼저 그 일에 합당한 사람이 되어야 합니다.[94]

 성경에서 집사의 자격을 언급한 구절은 디모데전서 3장 8-13절과 사도행전 6장 3, 5절입니다. 바울은 이 구절에서 집사의 자격을 이렇게 말하고 있습니다.

디모데전서에서 말하는 집사의 자격

 "정중하고"(딤전 3:8) | 집사에 대해 바울이 처음으로 언급한 자격요건은 정중함입니다. '정중하고'로 번역된 헬라어

는 '셈노스'(σεμνός)인데 신약성경에 단 4회 나타납니다(빌 4:8; 딤전 3:8, 11; 딛 2:2). 이 단어는 보통 고귀한, 존경할 만한, 귀중한, 훌륭한 무언가를 가리킬 때 사용됩니다. 따라서 집사는 주변 사람들에게 반드시 존경받을 만한 사람이어야 합니다.[95] 집사는 리더이기 때문에 따를 만한 사람, 존경받는 사람이어야 합니다.[96]

"일구이언을 하지 아니하고"(딤전 3:8) | 집사의 두 번째 자격은 일구이언해서는 안 된다는 것입니다. 헬라어 '디로고스'(δίλογος)는 문자 그대로 '같은 것을 두 번 말하다'라는 뜻으로, 신약성경에서는 오직 여기에서만 나타납니다. 일구이언하는 사람은 어떤 사람에게는 이렇게 말하고 다른 사람에게는 저렇게 말하거나, 또는 말은 같은데 뜻을 다르게 말합니다. 이런 사람은 위선적이고 진실하지 못합니다. 그의 말은 믿을 수 없고, 따라서 신용이 없습니다.

집사는 반드시 말을 조심하는 사람이어야 합니다. 다시 말해서, 해서는 안 될 말을 하지 않고, 말할 때 진리에 충실해야 합니다. 집사는 사랑 안에서 진실을 말해야 합니다. 자신의 개인적 이익을 위해 상황을 조작하려고 시도하는, 말만 번지르르한 사람이어서는 안 됩니다.[97] 말의 문제는 그 사람의 믿음의 문제입니다. 믿음의 비밀을 가진 사람은 다른 사람의 말을 퍼뜨리거나 상대에 따라서 말을 다르게 하지 않습니다.[98]

"술에 인박이지 아니하고"(딤전 3:8) | 본질적으로 술에 중독된 사람은 누구도 집사로 섬길 수 없습니다.[99] 우리는 예수님 외에는 그 누구에게도, 그 무엇에게도 중독되어서는 안 됩니다. 중독은 지배받는 것입니다. 술에 중독된 사람은 술에 지배받아 교회를 파괴합니다.

"더러운 이를 탐하지 아니하고"(딤전 3:8) | 바울은 특별히 집사에게 이 요건의 주의를 기울입니다. 그들이 종종 교회에서 돈을 다루는 임무를 맡기 때문입니다(고전 16:3-4). 그들은 결코 돈을 '착복'해서는 안 됩니다.[100] 아주 가끔 재정을 맡은 집사가 교회의 재정에 손을 대었다는 이야기를 듣기도 합니다. 우리는 성도들이 하나님께 바친 헌금을 매우 소중하게 다루어야 합니다. 여리고 성을 점령할 때 아간이 손대지 말아야 할 것에 손댄 결과, 그의 가정이 하나님의 심판을 받은 것을 잊지 말아야 합니다(수 8:1-26).

"깨끗한 양심에 믿음의 비밀을 가지고"(딤전 3:9) | 집사는 반드시 '깨끗한 양심에 믿음의 비밀'을 가져야 합니다. '믿음의 비밀'이란 바울이 복음을 지칭하는 표현 방식입니다. '믿음의 비밀'은 비의(秘儀) 종교에서처럼 소수의 사람만이 아는 내용이 아닙니다. 바울 사도가 가르치는 비밀은 그리스도의 성육신과 십자가와 승천에 대한 복음입니다. 이는 우리가 추구하여 얻는 것이 아니라 주님께서 알려주심으로 얻는 것입니다. 믿음의 비밀을 가진 사람이 집사의 직분을 바르게 행할 수 있습니다.[101] 그러한 자가 자기를 자랑하지 않고 나의 구주 예수님만을 자랑합니다. 믿음의 비밀을 가진 자가 집사로 구제할 때, 섬김을 받는 사람이 물질적 도움뿐만 아니라 믿음의 비밀까지 함께 전달받는 유익을 얻게 됩니다.

결과적으로 이 말은 집사의 교리적 신앙을 가리킵니다. 믿음에 관해서 파선한 사람들(딤전 1:19)과 양심이 화인을 맞은 사람들(딤전 4:2)과는 달리 집사는 흔들림 없이 참된 복음을 굳게 붙들어야 합니다.

그러나 이 자격요건은 단순히 믿음만을 문제 삼지 않습니다. 왜냐하면 반드시 '깨끗한 양심에' 이런 믿음을 가져야 하기 때문입니다. 다시 말해서, 집사의 행동은 그의 믿음과 일치해야 합니다. 그렇지 않으면 그의 양심이 그를 비난할 것입니다. 따라서 이 자격은 집사의 교리뿐만 아니라 그의 행동에 대해서도 말합니다. 교리를 이해하는 것만으로는 충분하지 않습니다. 죄로 얼룩지지 않은 깨끗한 양심을 동반해야 합니다.[102]

"시험하여 보고"(딤전 3:10) | 집사는 선거로 선출되기 전에 먼저 점검 받아야 합니다. 그런 후에 책망할 것이 없으면 집사의 직분을 맡겨야 합니다(딤전 3:10). 바울은 책망할 것이 없다고 입증된 사람이 집사로 섬길 자격을 갖는다고 말합니다. '책망할 것이 없다'는 것은 비난받을 것이 없다(blameless)는 뜻입니다.

바울이 어떤 종류의 테스트를 하라고 명시하고 있지는 않지만, 최소한 후보자의 개인적 배경, 평판, 신학적 입장이 점검되어야 합니다. 도덕적·영적·교리적 면을 테스트할 뿐만 아니라 교회 안에서의 봉사도 고려해야 합니다. 봉사할 때 타인과의 관계가 원만한지도 점검해야 합니다. 점검되지 않은 사람에게 집사 직분을 맡기면 나중에 많은 문제를 일으킬 수 있습니다.[103] 그래서 칼빈은 이렇게 말했습니다. "이 입증의 과정은 단시간이 아니라 오랜 단련의 기간을 통하여 이루어집니다. 즉 집사의 임직은 아무나 손에 닿는 사람을 무분별하게 급하게 택하는 것이 아니라 자세하게 조사하여 과거 생활을 통해서 적합한 자로 판명될 정도의 사람을 추천받아 선발해야 합니다."[104]

경건한 아내(딤전 3:11) │ 디모데전서 3장 11절은 집사의 아내를 가리키는 내용입니다. 집사의 자격을 이야기하다가 '여인들'을 언급하므로 문맥상 집사의 아내로 보는 것이 자연스럽습니다.[105] 집사의 아내는 "정숙하고 모함하지 아니하며 절제하며 모든 일에 충성된 자"여야 합니다. 다시 말하면, 첫째, 남편과 같이 반드시 정숙하고 단정해야 합니다. 둘째, 다른 사람을 모함하거나 험담해서는 안 됩니다. 셋째, 침착하고 절제력이 있어야 합니다. 그래서 올바른 판단을 내릴 수 있어야 하고, 바른 판단을 방해하는 것들에 연루되지 않아야 합니다. 마지막으로 집사의 아내는 "모든 일에 충성된 자"여야 합니다. 즉 믿을 수 있는 사람이어야 합니다. 집사의 아내가 가진 품성은 남편 집사의 사역을 성공적으로 이끄는 데 아주 중요합니다. 결론적으로 집사의 아내는 남편과 같이 헌신되고 자제력이 있고 충성스러운 사람이어야 합니다.[106]

실제로 아내가 경건한 집사는 그의 사역에 큰 힘을 얻습니다. 아내의 기도와 경건한 삶은 집사에게 매우 큰 응원군입니다. 그러나 아내가 경건하지 않으면 집사는 힘을 잃습니다. 아내의 지원이 없는 집사는 혼자 외롭게 고군분투하는 것입니다. 경건에는 언어생활이 포함됩니다. 경건한 아내는 할 말과 하지 않을 말을 분별할 줄 압니다. 집사의 아내는 언어까지 경건하여야 합니다. 그래서 남편이 집사의 직분을 감당할 때 불필요한 부담을 갖지 않도록 잘 도와야 합니다.

한 아내의 남편으로 자기 집을 잘 다스리는 자(딤전 3:12) | 집사는 신실한 남편이어야 하고 가정에서 영적 리더의 역할을 잘해야 합니다.[107] 가정의 리더로서 역할을 잘할 때 교회의 리더 역할도 잘할 수 있습니다. 이것을 잊지 말아야 합니다.

집사에 대한 성경의 교훈을 보면 실제적인 직무보다는 성품에 관한 내용이 많습니다. 직분을 행하는 구체적인 방법론이 아니라 신앙으로 형성된 인품을 중요하게 가르치는 목적은 집사의 봉사로 교우들이 모두 그리스도의 성품을 나타내면서 살도록 하려는 데 있습니다(엡 4:11-13). 교회의 직분자들이 그리스도를 본받아 성품에 변화가 일어나면, 다른 교우들에게도 감화를 끼칩니다. 이것이 직분자가 감당해야 하는 가장 중요한 일입니다. 그리스도께서 직접 주님의 백성을 다스리시지만, 연약한 사람을 사용하여 신령한 통치권을 행하십니다. 따라서 직분자가 겸손히 주님의 통치를 받으며 맡겨주신 일을 행할 때, 죄인을 구원하시고 연약한 자를 돌보시는 주님의 다스리심을 가장 잘 나타내게 됩니다. 세상에서는 능력 있는 사람을 직분자로 세우려고 하지만 주님께서는 말씀으로 변화된 사람을 사용하여 그분의 사랑을 나타내십니다. 이것이 주님의 지혜로운 방식입니다.[108]

성경에 충실한 장로교회 헌법도 이와 동일하게 말합니다. "집사는 선한 명예와 진실한 믿음과 지혜와 분별력이 있어 존숭(尊崇)을 받고 행위가 복음에 합당하며, 그 생활이 다른 사람의 모범이 될 만한 자 중에서 선택한다. 봉사적 의무는 일반 신자의 마땅히 행할 본분인즉 집사 된 자는 더욱 그러하다(딤전 3:8-13)."(『총회 헌법』, Ⅳ. 정치, 제6장 집사, 제2조 집사의 자격)[109] 참된 집사는 이것을 잊지 말아야 합니다.

사도행전에서 말하는 집사의 자격

성령이 충만함(행 6:3) | 사도행전 6장에는 '집사'라는 단어가 사용되지 않았지만, 이 구절이 집사를 가리키는 것은 분명합니다.[110] 성령 충만하지 않으면 죄성의 지배를 받기 때문에 주님의 몸 된 교회를 잘 섬길 수 없습니다. 성령 충만하여 성령의 통치를 받는 사람이 직분자가 되어야 합니다. 그렇지 않으면 자신의 감정대로, 세상의 방식대로 교회를 섬겨서 교회를 어렵게 만들 수 있습니다. 참된 집사는 성령 충만하기 위하여 좋은 예배자가 되어야 합니다. 경건의 삶이 탄탄해야 합니다. 매 순간 성령께서 주시는 감화에 따라 순종하는 사람이 되어야 합니다. 성령이 충만한 사람은 성령의 열매를 맺습니다.[111] "오직 성령의 열매는 사랑과 희락과 화평과 오래 참음과 자비와 양선과 충성과 온유와 절제니 이같은 것을 금지할 법이 없느니라"(갈 5:22-23). 성령 충만하지 못한 사람을 집사로 세우면, 교회와 복음에 아무 유익이 되지 못합니다.[112]

지혜가 충만함(행 6:3) | 여기서 말하는 지혜는 세상적인 꾀가 아닙니다. 하나님께서 주시는 지혜가 많다는 것입니

다. 즉 하나님의 뜻과 방법대로 교회를 섬기는 지혜를 말합니다.[113] 그 지혜가 하나님의 지혜임을 검증하려면, '거룩한 지혜인가?', '평화를 이루는 지혜인가?', '하나 되게 하는 지혜인가?'라는 물음에 그렇다고 대답할 수 있어야 합니다. 이러한 지혜는 사람을 다치게 하지 않고 세웁니다. 선을 이루고 덕을 세웁니다. 이 지혜를 얻기 위해 참된 집사는 늘 성경을 읽고 기도하며 하나님의 지혜를 구해야 합니다.

칭찬받는 사람(행 6:3) │ 앞에서 말한 바와 같이 참된 집사는 인격적인 존경을 받는 사람이어야 합니다. 집사는 세상의 권력으로 일하는 사람이 아니기에 성령의 능력과 지혜가 있어야 하며, 더불어 교우들의 존경을 받아야 합니다. 그러할 때 집사의 직분을 제대로 감당할 수 있습니다. 직분을 받을 때만이 아니라 일생을 칭찬받는 사람으로 살아가는 것이 참된 집사가 걸어야 할 길입니다.

임직 선거 때 성도들의 표를 받기 위해 일시적으로 노력하는 사람이 아니라 일생을 칭찬받는 사람으로 살아야 합니다. 어떤 성도는 집사가 되기 위해 선거 운동을 하기도 합니다. 그러나 우리 총회 헌법은 선거 운동 하는 것을 금하고 있습니다. 선거 운동을 하지 않아도 될 만큼 성도들의 존경을 받는 사람이어야 하기 때문입니다. 어떤 경우는 영적으로, 인격적으로 준비되지 않았는데 당선되기도 합니다. 그것은 두고두고 본인과 교회에 큰 부담이 됩니다. 그런 일은 하지 말아야 합니다. 혹여라도 좀 부족한 상태에서 선출되었다면, 이제부터라도 존경받는 집사가 되도록 대신관계(對神關係)와 대인관계(對人關係)에서 성숙하도록 노력해야 합니다.

믿음이 충만함(행 6:5) | 참된 집사는 믿음이 충만한 사람입니다. 충만하다는 것은 그것의 지배를 받는다는 말입니다.[114] 믿음이 충만한 사람은 환경의 지배를 받는 사람이 아니라 믿음의 지배를 받는 사람입니다. 이런 사람이 교회를 바르게 세웁니다. 환경을 바라보는 대신 하나님을 바라보고, 하나님께서 주시는 감동을 따라 순종하는 사람이 교회를 건강하게 세웁니다. 세상적으로 계산이 빠른 사람은 자기 수준의 교회를 섬깁니다. 그러나 믿음의 사람은 하나님 수준의 교회를 세웁니다. 그래서 참된 집사는 하나님께서 믿음을 주시도록 기도해야 합니다.

집사를 장로가 되는 준비 단계라고 생각한다면 그것은 집사의 직분이 갖는 고귀한 소명을 망각하는 것입니다. 중세 로마 가톨릭교회에서 집사는 가난한 사람을 돌보는 직분이라기보다는 사제의 전 단계로 간주되었고, 그 단계는 수석 집사(archdeacon) → 집사(deacon) → 부집사(subdeacon)로 나뉘어 있었습니다. 그러한 상황에서 16세기 종교개혁자들은 예배의 개혁과 더불어 직분의 개혁을 추구하였습니다. 그리고 집사들에게 가난한 사람을 돌보는 자신들의 본무를 잘 감당하도록 하였습니다. 한편으로는 목사들이 하나님의 말씀을 잘 가르쳐서 성도들이 '믿음의 비밀'을 분명히 갖도록 하고, 다른 한편으로는 '믿음의 비밀'을 가진 집사들의 봉사로 성도들이 '믿음의 담력'을 갖도록 인도한 것입니다.

이렇게 16세기의 종교개혁은 집사직의 개혁으로 나타났고, 집사 직분의 개혁을 통해 종교개혁의 교회들은 더 큰 능력을 발휘하였습니다. 사도행전 6장에서 성령과 지혜가 충만한 사람들이 집사로 임명되었을 때 교회가 흥왕한 것과 같은 일이 일어난 것입니다.

종교개혁의 후예로 자처하는 한국의 교회들이 이 점을 깊이 생각할 필요가 있습니다. 주님께서 사도들을 통해 세우신 집사의 직분을 성경적 교훈대로 새롭게 하는 일이 이 땅의 교회 가운데에도 일어나야 합니다.[115]

3장
집사의 역할

집사의 역할은 여러 가지로 설명할 수 있습니다. 그런 역할을 바탕으로 담임목사와 당회는 집사에게 여러 사역을 맡길 수 있습니다.

집사의 다양한 역할

조력자 | 집사는 종종 '조력자'(an enabler)라고 불립니다. 그의 임무는 다른 사람의 사역을 돕는 것입니다. 집사는 누군가를 돕기 위해 부름받은 사람입니다.[116) 따라서 참된 집사는 자신을 위해 일하는 사람이 아니라 다른 성도 또는 이웃을 돕기 위해 일하는 사람, 즉 조력자입니다. 조력해야 할 일에는 봉사의 현장에 나오지 않는 성도들을 동참하도

록 인도하는 것이 포함됩니다.[117] 봉사는 성도의 교제를 통해 이 교회가 내 교회라는 소속감을 주며, 믿음을 자라게 합니다. 칼빈은 "사역은 그리스도인들을 지속적으로 묶어 한 몸이 되게 하는 원동력이다"[118]라고 했습니다. 더 나아가 봉사는 주님의 몸 된 교회를 성장하게 합니다. 그러므로 봉사의 현장에 성도들을 인도하는 것은 집사가 해야 할 중요한 역할입니다. 집사는 혼자 일하지 않고 함께 일해야 하며, 많은 평신도를 사역의 현장으로 이끌어 그리스도의 몸을 세워 가야 합니다. 나아가 그 평신도들이 영적으로 성장하도록 도와야 합니다.

또한 집사는 담임목사의 조력자가 되어야 합니다. 예전에 제가 어느 교회에서 목회할 때, 교회당을 건축했습니다. 그때 아주 충성된 집사님 한 분이 건축 전반의 일을 맡아서 아주 충성스럽게 사명을 감당했습니다. 모든 교회당 건축은 목회 철학이 반영되어야 합니다. 그는 교회 건축에 목회 철학이 반영되도록 저에게 묻고 그것이 반영되도록 최선을 다했습니다. 슬기롭기도 한 그는 모든 자료를 분석하여 지혜롭게 제안하는 분이었습니다. 지금도 그의 헌신과 조력을 생각하면 마음에 큰 감사가 있습니다.

중재자 | 초대교회에서 집사는 완충지대(buffer zone)의 역할을 했습니다. 그래서 사도들로 말씀과 기도에 전념하게 했습니다.[119] 참된 집사는 문제를 일으키는 사람이 아니라 문제를 해결하는 사람이어야 합니다. 문제를 중재로 풀어내는 사람(중재자, A Go between)이어야 합니다. 초대 예루살렘교회 집사들은 충격 흡수 장치였습니다. 이들은 불평과 걱정을 흡수해 경건하게 해결했고, 이로써 성도들의 하나 됨과 부흥의 도구가 되었습니다(행 6:7).[120] 한편 문제가 생기기 전에 권고하여 문제가 발생하지 않게 하는 것도 참된 집사의 중요한 역할입니다.[121]

청소년 때 출석한 교회에 아주 훌륭한 집사님 한 분이 있었습니다. 그는 갈등의 문제가 있는 곳에 찾아가 그들을 위로하고 지지해주면서, 성경적 원리로 중재를 시도하는 아주 훌륭한 분이었습니다. 어떤 경우는 중재하러 갔다가 오히려 싸움을 붙이는 경우도 있는데 그는 아주 중재의 달인이었습니다. 그가 가는 곳마다 분쟁이 해결되는 중재의 열매가 있었습니다.

대사 | 대사(An ambassador)는 권위를 가지고 행동합니다. 그를 보낸 이의 권위를 가지기 때문입니다. 대사로서 집

사는 교회를 대표하여 지역 사회를 섬기는 봉사의 모임에 참석해야 합니다.[122] 집사는 그의 봉사 시간 2/3를 교회를 위해 사용하고, 1/3일은 지역 사회를 위해 사용해야 합니다.[123] 참된 집사는 교회를 대표하여 지역 사회에서 어려운 이웃을 돌보는 역할을 해야 합니다. 팀을 구성하여 도울 수도 있습니다.

문지기 | 문지기(A doorkeeper)는 한 발은 문안에, 다른 한 발은 문밖에 두고 서 있습니다. 즉 문간에 서 있습니다. 문지기로서 집사는 문간에 서서 오가는 성도들에게 겸손하게 인사를 건넵니다.[124] 비록 이 섬김이 대단해 보이지 않아도 따뜻하고 겸손하게 인사함으로써 전쟁터 같은 세상에서 시달린 성도들에게 교회는 어머니의 품과 같고 피난처 같은 곳임을 느끼게 할 것입니다.

구제 봉사자, 재정 담당자 | 집사의 역할에 대해서 장로교 헌법은 다음과 같이 말합니다. "집사의 직무는 목사, 장로와 합력(合力)하여 빈핍 곤궁한 자를 권고하며 환자와 갇힌 자와 과부와 고아와 모든 환난당한 자를 위문하되 당회 감독 아래서 행하며 교회에서 수급한 구제비와 일반 재정

을 수납지출(收納支出)한다(행 6:1~3)"(『총회 헌법』, IV. 정치, 제6장 집사, 제3조 집사의 직무)[125]

집사는 목사, 장로와 잘 합력하여야 합니다. 모든 것을 당회의 감독 아래서 행해야 합니다. 그래야 교회가 영적 질서 안에서 견실하게 성장합니다. 그리고 교회의 규모에 따라 다르긴 하지만, 집사는 교회 재정의 수납 지출 분야에서 섬기기도 합니다. 그러나 모든 집사가 그 일을 하지는 않습니다. 하지만 인생의 어려움을 당한 사람을 돌보는 일은 모든 집사가 해야 합니다. 즉 환자, 갇힌 자, 과부, 고아, 환난을 당한 자 등을 돌보는 역할을 해야 합니다. 다시 강조하지만 그것은 당회와 담임목사의 지도 아래 해야 합니다.

제직(諸職) 회원 | 집사는 제직 회원으로서 교회 전체 사역에 참여하여 섬기는 사람입니다.[126] 교회의 재정과 기타 안건을 다루는 제직회에 참석하는 것은 집사의 의무이기도 합니다. 따라서 집사는 제직회에 참여하여 교회의 중요한 안건을 듣고 기도하며 어떻게 도울 것인가를 생각해야 합니다. 또 제직회에서 다루는 예산과 결산에 대한 상황을 듣고 역시 어떻게 도울 것인가를 생각해야 합니다. 참된 집사는 제직 회원으로서의 사명도 잘 감당해야 합니다.

목회자를 돕는 이 | 하나님은 그리스도의 몸을 세우기 위해서 목회자와 장로, 집사와 권사를 주셨습니다. 이 모든 직분은 같은 비전을 가지고 있습니다. 각자 받은 은사를 총동원해 그리스도의 몸을 건강한 몸으로 성장하게 하는 것입니다. 이 모든 직분은 한 팀입니다. 그러므로 서로를 향해 비난의 화살을 쏘지 말아야 합니다. 바울은 브리스길라와 아굴라를 향하여 "나의 동역자"(롬 16:3)라고 자랑스럽게 말했습니다. 이 부부는 바울의 목숨을 위해 "자기들의 목까지도 내놓았다"(롬 16:4)고 바울은 감격해하고 있습니다. 물론 바울의 목회에 대적자도 있었습니다. 그러나 브리스길리와 아굴라 같은 돕는 이가 있었기에 복음은 멈추지 않고 달릴 수 있었습니다.[127]

집사에게 중요한 사역 중 하나는 목사의 목회 사역을 돕는 일입니다. 집사 제도의 시작인 초대교회에서 집사라는 직분을 세운 목적이 사도들이 기도하는 것과 말씀을 전하는 일에 전념하게 하기 위해서였습니다(행 6:4). 집사들의 도움으로 사도들이 말씀 증거와 기도에 전념함으로 하나님의 말씀이 왕성해져서 교회 부흥이 이루어졌습니다(행 6:7).

오늘 우리 시대에도 집사의 중요 사역은 바로 목회가 효과적으로 이루어지도록 목회자를 돕는 일입니다. 교회의 존재 목적은 복음 사역이며 이를 담당하는 목사를 돕는 일이 바로 복음 사역을 온전케 하는 방법입니다.[128] 그것은 가장 기본적으로 성도들을 잘 돌보는 것입니다. 심방을 통해 목사가 꼭 돌봐야 할 성도들을 확인하고 그 정보를 목사에게 알려줌으로써 목회자를 도울 수 있습니다. 성도를 돌보는 일에 사각지대가 없도록 목회자를 돕는 것은 매우 중요합니다. 특히 소그룹 리더(구역장, 셀리더, 순장 등)로서 성도들을 돌보는 것은 코로나 이후에 더욱 중요해졌습니다. 코로나 위기를 잘 이긴 교회는 소그룹(구역, 셀, 다락방)이 강력한 것이 특징입니다. 참된 집사는 훌륭한 소그룹 리더가 되어 성도들을 영적으로 잘 돌보는 사람입니다. 나아가 교회의 각 사역 현장에서 팀장(위원장)의 역할을 잘하는 것도 참 중요합니다. 그리고 구제와 재정관리 등에서 목회자를 도울 수 있습니다.

예전에 어느 교회에서 목회할 때 교회의 행정을 맡은 한 집사의 도움을 참 많이 받았습니다. 그는 전통적인 교회에서 담임목사가 고심하는 것을 함께 고민하고, 그 문제를 해결하기 위해 최선의 노력을 다한 분이었습니다. 그 한 분의 역할이 얼마나 컸는지, 지금도 생각하면 감사할 뿐입니다. 교회의 행정책임자에게는 많은 일이 집중되고 따라서 비난을 받기도 쉽지만, 그는 불편한 내색 없이 최선을 다해 교우들을 위해 일하면서 담임목사를 도왔습니다. 그분의 중재 역할은 목회자인 제게 큰 힘이 되었습니다. 잊을 수 없는 집사입니다.

3부

집사의 사역

여기에서는 집사의 사역에 대해서 살펴보고자 합니다.
집사 사역의 성경적 본질, 기능, 더 나아가
집사 사역의 출발점과 종착점에 대해서 알아봅니다.

1장
집사 사역의 본질

본질이 중요한 이유는 모든 능력이 본질로부터 나오기 때문입니다. 참된 집사의 능력은 본질을 잘 갖추어야 소유할 수 있습니다. 집사로서의 본질을 잘 갖춘 참된 집사는 교회를 건강하게 세우는 핵심 일꾼이 됩니다. 신약성경은 집사의 본질을 다음과 같이 말하고 있습니다.

집사는 청지기

청지기는 자기의 소유는 하나도 없지만 모든 것을 주관합니다. 주인은 그에게 자기의 모든 소유를 주관하도록 권한을 위임합니다. 바울은 각자의 소명에 대하여 "맡은 자들에게 구할 것은 충성이니라"(고전 4:2)고 말했습니다. 베드로는 청지기직의 개념을 그리스도인의 삶에 적용하면서 다음과 같이 말했습니다.

"각각 은사를 받은 대로 하나님의 여러 가지 은혜를 맡은 선한 청지기 같이 서로 봉사하라 만일 누가 말하려면 하나님의 말씀을 하는 것 같이 하고 누가 봉사하려면 하나님이 공급하시는 힘으로 하는 것 같이 하라 이는 범사에 예수 그리스도로 말미암아 하나님이 영광을 받으시게 하려 함이니 그에게 영광과 권능이 세세에 무궁하도록 있느니라 아멘"(벧전 4:10-11).

달란트 비유(마 25:14-30)와 므나의 비유(눅 19:11-27)는 청지기는 자기가 맡아서 관리하던 모든 것에 대하여 결산을 요구받게 됨을 보여줍니다. 하나님께서는 이 세상이라는 그분의 가산을 인간의 관리하에 두셨습니다. 청지기와 마찬가지로 인간은 소유주가 아닙니다. 그는 관리자입니다. 우리는 모두 한 평생 살아가면서 하나님의 섭리에 의하여 우리에게 맡겨진 달란트와 므나를 관리하는 청지기입니다.

탁월한 청지기를 결정하는 것은 주인의 뜻에 얼마나 순종하는가에 달려 있습니다. 주인의 법에 복종하지 않는 청지기는 주인의 권위를 거부하는 것이며, 다른 주인을 섬기는 것입니다.[129]

청지기직을 잘 감당하기 위해서는 다음의 원리를 기억해야 합니다.

첫째, 하나님은 만물을 창조하시고 유지하시며 만물을 소유하고 계시는데, 그중에는 인간도 포함되어 있습니다. 이 세상에 태어나는 모든 사람은 하나님으로부터 생명을 받습니다.

둘째, 하나님은 그분의 광활하고 아름답고 매력적인 세상 속에 우리를 살게 하시며, 그분이 유지하고 계신 모든 것을 사용하며 즐길 수 있게 허락하십니다.

셋째, 그러나 하나님은 자기의 뜻이 우리의 뜻을 지배하며, 자기의 소원이 우리의 소원을 주관할 것을 의도하십니다. 그분은 완전 영감된 성경 속에 자기의 뜻을 계시하십니다. 우리는 하나님의 세상에서 살고 있으므로 그분의 말씀은 우리 발에 등이 되고 우리 길에 빛이 됩니다(시 119:105).

넷째, 그러므로 결국 인생이란 하나님의 소유를 신실한 청지기로서 관리하느냐, 혹은 반항적인 청지기로서 관리하느냐, 둘 중 하나입니다.[130]

참된 집사는 청지기로서 집사직을 수행하는 사람입니다.

집사와 하나님 나라

성경은 세 가지 차원의 하나님 나라를 말합니다. 죽어서 가는 하나님 나라(딤후 4:18), 종말에 임할 하나님 나라(계 21:1-2), 현재 이곳에 임하는 하나님 나라(눅 17:21)입니다. 이 세 차원의 하나님 나라에 대해서 집사는 어떤 생각과 태도를 가져야 할까요?

첫째, 집사는 지금 죽어도 하나님 나라에 간다는 구원의 확신이 있어야 합니다. 이에 관해 마틴 로이드 존스 목사님은 이렇게 말했습니다.

"저는 여러분이 구원의 확신이 없다고 그리스도인이 아니라고 말하는 것이 아닙니다. 확신이 없어도 그리스도인일 수 있습니다. 그러나 여러분은 그리스도인이기 때문에 구원을 확신하고 그것을 즐겨야 합니다. 바울은 여기서(롬 8:3-4) 복된 확신을 어떻게 가지며 어떻게 누릴 것인가를 보여주고 있습니다. 그것을 얻는 방법은 만일 우리가 의롭다 함을 받았으면 우리의 최종적인 위치가 틀림없이 안전하다는 것을 아는 데 있습니다."[131]

이렇게 구원의 확신을 가질 때 우리는 구원의 기쁨을 가질 수 있고, 주님께 헌신할 수 있습니다.

둘째, 역사의 마지막 날 즉 종말에 하나님 나라가 임할 때, 우리도 부활하여 영화가 완성된 몸으로 완전한 구원을 누릴 것을 알아야 합니다. 그때 이 땅에서 집사로 충성한 모든 것에 대한 상급이 주어질 것입니다. 요한계시록 22장 12절에 "보라 내가 속히 오리니 내가 줄 상이 내게 있어 각 사람에게 그가 행한 대로 갚아 주리라"고 우리 주님께서 약속하셨습니다. 집사는 그날을 바라보며 오늘 충성을 다해야 합니다.

셋째, 오늘 이곳에 임하는 하나님 나라를 누려야 합니다. 그것은 곧 하나님의 통치를 받는 것을 의미합니다. 하나님은 하나님 나라의 왕이시며 우리는 종(백성)입니다. 현재적 의미의 하나님 나라는 그 백성들이 종이 되어 순종할 때 임합니다. 우리의 왕은 너무나도 선하신 분이기에 그분께 순종하는 것은 인생 최고의 행복입니다. 그래서 시편 145편 1절에서 다윗은 "왕이신 나의 하나님이여 내가 주를 높이고 영원히 주의 이름을 송축하리이다"라고 고백했습니다.

시편 145편에 보면 하나님이 어떤 분인가를 묘사하고 있습니다. 먼저 하나님은 위대하십니다(3절). 그 위대하신 분이 성도에게 은혜와 긍휼을 베푸시고 노하기를 더디 하십니다. 인자하심이 아주 크십니다(8절). 또한 하나님은 성도에게 모든 것을 선대하십니다(9절). 넘어지는 자들을 붙드시고 비굴한 자들을 일으켜 세워주십니다(14절). 때를 따라 먹을 것을 주시며(15절) 손을 펴사 모든 생물의 소원을 만족하게 하십니다(16절). 모든 일에 의로우시고 은혜로우시며(17절) 자기를 경외하는 자들의 소원을 이루시고, 그들의 부르짖음을 듣고 구원하십니다(19절). 이러한 왕이신 하나님의 통치를 받는 것은 인생 최고의 복입니다. 집사는 제 맘대로 살고, 제 뜻대로 봉사하는 사람이 아닙니다. 하나님 나라 소속의 집사로서 왕이신 하나님의 통치에 순종하는 사람입니다. 그럴 때 참된 집사가 될 수 있습니다.

집사 사역의 원리

참된 집사로 사역하기 위해서는 다음의 원리를 기억하고 실천하는 것이 유익합니다.

사랑으로 봉사해야 한다. | 주님께서 제자들의 발을 씻기신 후에 말씀하십니다. "내가 주와 또는 선생이 되어 너희 발을 씻었으니 너희도 서로 발을 씻어 주는 것이 옳으니라 내가 너희에게 행한 것같이 너희도 행하게 하려 하여 본을

보였노라"(요 13:14-15). 우리도 사랑이 동기가 되어 성도들을 섬김으로써 주님께서 구속(救贖)하여 주신 기쁨이 회중 안에서 계속되도록 해야 합니다. 참된 집사는 사랑으로 봉사하는 사람입니다.

자기중심주의와 물질주의에서 자유해야 한다. | 주님께서는 언약 공동체 안의 모든 궁핍함이 채워져야 한다고 말씀하십니다. 그렇다고 해서 모든 사람의 재산이 똑같아야 한다는 뜻은 아닙니다. 교회는 공산주의가 아닙니다. 하지만 교회 안에서 모든 필요가 채워져야 합니다. 주님께서는 광야에서 백성에게 만나를 먹이신 것으로 이것을 설명하셨습니다. 만나를 거둔 이들이 많이 가져갈지라도 모두가 필요한 양만큼만 사용하게 하셨습니다(출 16:17-18). 사도 바울은 궁핍한 사람들을 돕는 일과 관련하여 이 원칙을 인용하고 있습니다(고후 8:15). 그러면 어떻게 이러한 일이 가능할까요? "각 사람의 필요를 따라 나눠 주던"(행 2:45, 4:32) 초대교회 신자들의 태도를 본받아야 합니다. 그럴 때 이 일이 가능합니다. 그러기 위해서는 자기중심주의와 물질주의에 매이지 말아야 합니다. 참된 집사는 자기중심주의와 물질주의를 극복한 사람입니다.

가난한 자들을 도울 때도 분별력이 필요하다. | 돈이 없는 사람이라고 해서 반드시 도움받을 만한 사람은 아닙니다. 그 예가 데살로니가후서 3장에 나옵니다. 거기서 바울 사도는 게으르고 나태한 사람들에게 도움을 주는 것을 경고합니다. 그러면서 "누구든지 일하기 싫어하거든 먹지도 말게 하라"(살후 3:10, 참조. 잠 15:19)는 규칙을 정해 줍니다. 그러한 사람의 게으름을 교회가 더욱 부채질하지 않기 위하여 사도는 그들을 돕지 말고 오히려 형제같이 권면하라고 엄히 명합니다(살후 3:14-15). 참된 집사는 분별력을 가진 사람입니다.

　　고통받는 사람을 도와야 한다. | 고통받는 사람의 형태에 대하여 마태복음 25장 31-46절에서는 주리고 목마르고 헐벗고 나그네 되고 옥에 갇히는 등의 어려움을 이야기합니다. 야고보서 1장 27절에서는 "고아와 과부를 그 환난 중에 돌아볼" 필요가 있다고 말합니다. 우리는 예수님께서 "너희가 여기 내 형제 중에 지극히 작은 자 하나에게 한 것이 곧 내게 한 것이니라"(마 25:40) 하신 말씀을 기억하여 이기심을 버리고 서로를 도와야 합니다(요 13:14). 교회 안의 형제자매들은 죄와 사탄의 속박에서 해방된, 그리스도의 가장 귀한

소유입니다. 따라서 그들이 소속감을 느끼지 못하고 고독감이라는 새로운 속박으로 고통을 당하도록 버려두어서는 안 됩니다. 오히려 주님께서 주신 풍성한 기쁨을 성도의 교제 가운데서 그들에게도 나누어 주어야 합니다. 참된 집사는 재정적 억압만이 아니라 다른 형태의 억압으로 고통받는 사람을 돕는 사람입니다.

봉사의 우선적인 책임은 직계가족에게 있다. | 자녀는 부모와 조부모를 힘이 닿는 대로 많이 도와야 합니다. 교회가 불필요하게 짐을 지게 되는 일이 없어야 합니다(딤전 5:16). 봉사의 가장 우선적인 책임이 직계가족에게 있기 때문입니다(레 25:25, 딤전 5:8). 집사는 자신들의 봉사를 혼자서만 감당하는 것이 아니라 가능한 한 성도들이 함께 나눠 지도록 해야 합니다. 성도들을 일깨워 그 일에 적합하게 잘 준비시켜서 "봉사(*diakonia*)의 일을 하게 하며 그리스도의 몸을 세우게"(엡 4:12) 해야 합니다. 참된 집사는 직계가족을 잘 보살피는 사람입니다.

교회 밖의 사람들도 돌아보아야 한다. | 갈라디아서 6장 10절에서는 이렇게 말합니다. "우리는 기회 있는 대로 모

든 이에게 착한 일을 하되 더욱 믿음의 가정들에게 할지니라"(참조. 살전 5:15). 집사가 맡은 우선적인 책임은 성도들을 돌아보고 그들을 권하여 봉사의 일에 참여하게 하는 것입니다. 하지만 교회 밖에서 이뤄지는 자비의 봉사라고 해서 그것을 마다할 이유는 없습니다.

고대 기독교회는 문자 그대로 수천 명의 고아와 과부들을 돌보았고, 노예들과 재난당한 사람들을 돌아보았으며, 그 외에도 이웃을 위해 많은 일을 하였습니다. 그럼으로써 교회 밖으로 그리스도의 사랑과 많은 긍휼을 흘려보내고 나타내 보였습니다. 물론 그 과정에서 많은 회심자를 얻기도 하였습니다. 오늘날에도 각 교회의 지역과 그 주변에서 그리스도의 사랑을 나타낼 기회가 분명히 있습니다. 이를테면 가난한 자들과 외로운 사람들, 감옥에 있는 사람들에게 그러한 일을 할 수 있을 것입니다.[132] 참된 집사는 교회 밖의 사람들도 잘 보살피는 사람입니다.

집사 사역의 바탕이 되는 은사

집사 사역의 바탕이 되는 은사는 다음과 같은 것이 있습니다. 이런 은사들을 하나님께서 주시도록 사모하고 기도

하고 계발해 가야 합니다.

구제(롬 12:8)

구제(Giving)는 가지고 있는 물적 자원을 너그러운 마음으로 즐겁게 바치는 것입니다. 관련 본문은 고린도후서 8장 2-3절, 9장 7-12절, 빌립보서 4장 16-19절 등입니다. 은사를 찾기 위해 다음과 같은 질문을 해보십시오.

- 베푸는 데서 큰 기쁨과 만족을 얻고 있는가?
- 경제적으로 어려운 이들을 보면 금방 그리고 깊이 마음이 움직이는가?
- 베풀기 위해서라면 흔쾌히 자신의 생활 수준을 낮출 수 있는가?
- 자신의 재정 안정과 필요에 관해 그다지 걱정하지 않는 편인가?
- 재물을 잘 관리하는가?

이 질문에 '예'라고 답할 수 있다면 구제의 은사가 있는 집사입니다.

섬김 (롬 12:7)

섬김(Service)은 하나님 나라 사역과 관련하여 현실적 필요를 파악하고 채우는 능력입니다. 관련 본문은 누가복음 22장 24-27절, 디모데후서 1장 16-18절 등입니다. 은사를 찾기 위해 다음의 질문을 해보십시오.

- 몸으로 하는 일을 즐기는가?
- 남들이 지겨워하는 일이나 집 안팎을 손보는 일을 하라고 해도 짜증을 내지 않는가?
- 실제적인 필요들을 잘 짚어내는가?
- 계획을 짜는 것보다 일단 행동하고 보는 쪽을 더 선호하는가?

이 질문에 '예'라고 답할 수 있다면 섬김의 은사가 있는 집사입니다.

긍휼 (롬 12:8)

긍휼은 어려움 겪는 이를 사랑하고 공감하며 따뜻하게 아픔을 덜어주는 능력을 뜻합니다. 관련 본문은 누가복음 10장 29-37절, 17장 11-14절, 마태복음 20장 30-34절 등입니다. 은사를 찾기 위해 다음의 질문을 해보십시오.

- 고통을 받고 있는 이들에게 저절로 눈길이 가는가?
- 남들은 도저히 상대하지 못하겠다고 하는 이들에게도 인내와 사랑을 베풀 수 있는가?
- 몸이 아프거나 나이 많은 이들을 찾아가 살피는 데서 만족감을 얻는가?

이 질문에 '예'라고 답할 수 있다면 긍휼의 은사가 있는 것입니다.

도움(고전 12:28)

도움(Help)은 다른 이들이 자신의 사역에 '전념하도록' 시간과 재능을 투자하는 능력입니다. 관련 본문은 로마서 16장 1-2절, 사도행전 20장 34-35절, 민수기 11장 16-17절 등입니다. 은사를 찾기 위해 다음의 질문을 해보십시오.

- 리더가 되기보다 리더를 돕는 쪽을 더 좋아하는가?
- 인정과 갈채를 받고 싶지 않고 '무대 뒤'에서 일하는 것을 선호하는가?
- 다른 그리스도인들이 제 몫을 하도록 '잡다한' 일을 처리하는 것을 즐기는가?

이 질문에 '예'라고 답할 수 있다면 도움의 은사가 있는 것입니다.[133]

참된 집사는 이런 은사를 사모하여 기도하고, 또한 계발하여 힘써서 교회를 세우는 사람입니다.

교회 성장을 위한 집사 사역의 전략

집사의 사역을 위해서는 하나님의 명령이지만, 그저 '하라 하시니 한다'는 식이 되어서는 안 됩니다. 하나님의 긍휼을 경험하고 너그러워진 마음에서 우러나야 합니다. 그러기 위해서는 사역의 동력이 되는 은혜의 교리를 가르치는 것이 선행되어야 합니다.

1단계 : 교육

교회에서는 설교와 교육을 통해 체계적으로 긍휼 사역(집사의 사역)의 기초를 놓아야 합니다. 세례 요한의 설교는 듣는 이들의 마음을 파고들었고 마침내 "그러면 우리는 무엇을 해야 합니까?"(눅 3:10)라고 부르짖게 했습니다. 그제야 세례 요한은 가난한 이들에게 먹거리와 옷을 나눠 주라고 가르쳤습니다. 이것은 목회자가 기억해야 할 내용입니다. 설교와 교육으로 긍휼 사역과 구제 사역의 동기부여를 해야 합니다.

2단계 : 조사

가난하고 형편이 어려운 이들을 돕고 싶어 하는 교회도 실제적인 긍휼 사역에는 소극적으로 반응하기 쉽습니다. 다시 말해, 개인이나 기존 사회 구호 단체들이 도움을 호소하면 그제야 반응을 보이는 식입니다. 하지만 집사들은 지역 사회에서 도움을 주어야 할 대상을 탐색하고 긍휼 사역을 수행할 기회를 찾아내야 합니다. 주위를 둘러보십시오. 더없이 절박한 처지에 몰렸으면서도 도움을 받지 못하고 있는 사람들이 있습니까? 이러한 탐색 작업이 제대로 이뤄지려면 지역 사회 실태 조사를 벌여야 합니다.

3단계 : 접촉

형편이 어려운 이웃들을 위해 다양한 사역을 시작하지만 정작 필요한 이들에게는 손이 닿지 않는 경우가 많습니다. 어떻게 하면 긍휼의 손길을 기다리는 이들을 확실하게 알아내서 활력이 넘치는 사역으로 가꿔갈 수 있을까요? 몇 가지 방법을 살펴봅시다.

첫째, 지역 공동체에 참여하십시오. 비공식적인 봉사조직이나 구호 단체에 들어가 활동하십시오. 아울러 그런 일에 참여하고 있는 성도들을 확인하십시오. 그런 성도들을 다리로 삼아 어려운 형편에 있는 이들을 파악하고 함께 섬기십시오.

둘째, 복지 부서에 연락하십시오. 지자체의 복지, 또는 사회사업 관련 부서에 직접 연락해 어려운 처지에 있는 이들을 돕는 일에 관심이 있음을 전달하십시오.

셋째, 정기적으로 곤궁한 이웃을 찾아가십시오. 필요한 것이 없는지 살펴서 도움을 주십시오. 주기적인 방문은 긍휼 사역이 필요한 부분을 집사들이 찾아내는 데 도움이 됩니다.

넷째, 교인들에게 도움을 요청하십시오. 집사들에게 직접 도움을 청하거나, 또는 교회나 지역 사회에서 도움이 필요한 영역을 교인들이 알 수 있도록 예배당 좌석에 긍휼 사역 카드를 비치해 두십시오.

다섯째, 공개모집을 하십시오. 지역 신문에 형편이 어려운 이들을 돕는 긍휼 사역에 관한 광고를 싣고 연락처를 공개하십시오.

4단계 : 리더십 구성

긍휼 사역은 전도, 제자훈련, 예배처럼 교회 전체가 감당해야 하는 일이지만, 집사들의 사역을 잘 도우려면 교회 차원의 리더십을 구성해야 합니다. 사역팀을 조직하십시오. 집사들을 한두 명씩 팀으로 묶어 경제적 필요를 조사하고 평가하는 훈련을 시켜야 합니다.

5단계 : 교인 조직화

집사들은 사역의 요구를 충족시킬 자원을 어디 가야 얻을 수 있는지 알아야 합니다. 또한 자금, 은사, 동원할 수 있는 인력과 시간, 먹거리, 잠자리를 비롯해 교회가 보유한 온갖 자원들을 수집하고 조직화해서 모든 것이 질서 있게 쓰이도록 지휘하고 감독해야 합니다.[134]

긍휼 사역을 준비하는 단계에 작성할 기획서는 이 책 뒷면의 부록 4를 참고하시기 바랍니다.

2장
집사 사역의 기능

 집사는 봉사 지향적인 기능을 수행해야 합니다. 반면에 장로(목사와 시무장로)는 영적 지도 지향적인 기능을 수행해야 합니다. 성경은 집사의 기능을 분명하게 말하지 않습니다. 그렇지만 사도행전 6장은 장로(목사와 시무장로)가 목양하고 가르치는 소명을 완수할 수 있도록 필요한 모든 것을 돕는 것이 그 중요한 기능임을 보여줍니다.

 뉴튼은 다음과 같이 결론을 내립니다. "집사들은 종의 역할을 통해 교회 삶의 세속적이고 임시적인 문제들을 다룸으로써 장로들(목사와 시무장로)이 자유로이 영적인 일에 집중할 수 있도록 해야 한다. 집사들은 교회 안에 존재하는 육체적 필요를 위해 지혜와 에너지를 공급하며 때로는 이런 사역을 통해 타인들의 영적 필요를 돌보는 기회로 사용한다."[135] 각 지역교회는 그 교회와 지역의 특수한 필요에 기초하여 집사의 임무를 자유롭게 규정할 수 있습니다.

우리는 디모데전서 3장에서 몇 가지 집사의 기능을 발견할 수 있습니다. 그루뎀은 다음과 같이 몇 가지 기능을 제시합니다. "집사는 교회의 재정을 관리하는 책임을 맡고 있었던 것으로 보이는데, 그 이유는 '더러운 이를 탐하지'(8절) 않는 사람들이어야 했기 때문이다. 그들은 자녀와 자기 가정을 잘 다스려야 했기 때문에(12절) 교회의 다른 활동에서도 어느 정도 행정적인 책임을 맡았을 수도 있다. 그들은 또한 도움이 필요한 교회 또는 지역 사회 구성원들의 육체적인 필요를 돌봤을 수도 있다(행 6장). … 더욱이 만약 (내가 생각하는 바와 같이) 11절이 그들의 아내에 대해 언급하는 것이라면, 그 아내들이 '모함하지' 않는 사람이어야 했다는 점에서 호별로 방문하고 상담하는 일에 꽤 참여했을 가능성도 있다."[136]

모운스(Mounce)는 열거된 자격요건, 곧 일구이언해서는 안 되고, 아내가 경건해야 하고, 결혼에 충실하고, 가족을 잘 다스려야 한다는 요건들이 집사가 다른 성도들과의 만남을 잘 가지도록 하는 인격적 요소임을 말하고 있습니다.[137]

집사가 감당해야 할 기능은 여러 가지가 있는데, 교회의 여건에 따라 다를 수 있습니다. 이는 교회 규모와 교회에서 사례를 받으면서 일하는 직원들의 숫자와도 관련이 있습니다. 만약에 교회의 규모가 크지 않다면 그 기능을 모두 집사가 수행해야 할 것입니다. 단, 당회의 지도를 받아(당회가 조직되지 않았다면, 담임목사의 지도를 받아) 수행해야 합니다.

집사의 기능을 말하기 전에 집사와 장로의 관계에 대해서 먼저 말하고자 합니다. 교회의 건강한 질서를 위해서 이것이 중요하기 때문입니다. 집사는 장로들에게 위임받은 선에서 권위를 갖습니다. 성경은 장로들을 향해 긍휼 사역과 청지기 사역의 권위를 일정 수준 집사들에게 위임하기를 요구하며, 장로교회 정책 역시 같은 입장을 취하고 있습니다. 그러나 장로는 "주장하는 자세로 하지 말고"(벧전 5:3) 지배적인 태도를 버려야 합니다.[138] 당회는 집사들을 잘 살피며 교통해야 합니다. 그러면 집사의 기능을 살펴봅시다.

집사가 감당해야 할 기능

시설 관리 | 집사는 교회 재산에 대한 기본적인 관리를 담당할 수 있습니다. 이 일에는 예배를 위한 장소가 준비되

었는지 확인하는 일이 포함됩니다. 그 밖에 청소와 음향 시스템 등이 포함될 수 있습니다. '디아코노스'가 '먼지를 뚫고 일하는 사람'이라는 뜻도 있다고 했습니다. 교회의 시설이 청결하게 관리되도록 돕는 것도 집사가 수행할 기능 중의 하나입니다.

구제 시행 | 집사는 사도행전 6장에 나오는, 과부들에게 매일 식량을 나눠주는 일을 해야 합니다. 궁핍한 사람들을 위한 자금을 관리해야 해야 합니다. 이를 위해서는 교회 내에 도움이 필요한 사람을 우선적으로 살펴보아야 합니다. 나아가 지역 사회의 어려운 사람들을 살펴보고 교회가 할 수 있는 최선을 다해서 도와야 합니다. 집사회가 교인만을 섬김의 대상으로 삼는 교회는 W. A. 화이트하우스(Whitehouse)의 경고를 유념해야 합니다. "교회 공동체에 한정된 자기 만족적인 봉사는 증거력을 잃었으며 … 봉사의 속성 자체가 망가지고 말았다."[139]

종교개혁자들은 주린 배를 움켜쥔 빈민들을 도우려 안간힘을 쓰면서도 근본적인 문제를 겨냥한 시선을 놓치지 않았습니다. "칼빈은 … 넘쳐나는 노동력을 흡수하고 결식 생활자들을 돕기 위해 제네바에 실크 산업을 일으키자고

앞장서 제안했다"[140]고 합니다. 이는 단순한 구제 사역을 넘어서 가난한 사람의 문제를 구조적으로 해결하고자 노력한 것입니다.

집사가 성경의 가르침을 따라 구제 사역을 하면 어떤 일이 일어날까요? 칼빈은 세 가지를 이야기합니다. 첫째, 그리스도인들이 서로 단단하게 연합됩니다. 그는 "사역은 … 그리스도인들을 지속적으로 묶어 한 몸이 되게 하는 원동력"이라고 했습니다. 둘째, 우리의 구제 사역을 통해 세상이 하나님의 사랑을 목격하고 피부로 느끼게 되어 주님의 구원을 이루어가게 됩니다. 셋째, 이웃을 위한 기도의 위선을 벗어나게 됩니다. 이웃을 위해 기도만 하고 실천하지 않는 것은 위선인데, 구체적인 도움을 주는 구제를 함으로써 이웃을 위한 기도의 위선을 벗어나게 된다는 것입니다.[141]

이렇게 집사가 구제를 시행하면, 도움을 받는 교우들은 교회를 더욱 사랑하게 될 것이고, 교회를 사랑하게 되면 주님을 더욱 사랑하게 될 것입니다. 지역 사회의 믿지 않는 사람들은 이런 구제의 도움을 받을 때, 교회와 예수님을 향해 마음의 문을 열게 될 것입니다. 나아가 예수님을 믿고 구원받게 될 것입니다. 또한 우리는 위선적이지 않은 기도자가 되어 마음에 기쁨을 누리게 될 것입니다. 우리는 코로

나 팬데믹 기간을 통해 성도들과 이웃들을 구제함으로써 앞서 말한 유익을 경험한 바 있습니다.

재정 관리 | 어떤 사람들은 바울과 바나바가 가지고 간 기근 구호 자금이 장로들에게 전달되었으므로(행 11:30) 재정과 관련된 일은 장로가 처리해야 한다고 생각합니다. 하지만 장로가 교회의 재정 업무를 감독한다고 해도 일상적인 업무는 집사가 처리하도록 남겨 두는 것이 좋습니다. 여기에는 헌금 수집과 계산, 기록 관리, 교회 예산 책정을 돕는 일 등이 포함됩니다.

예배 안내 | 집사는 주보를 나눠주거나 좌석 안내, 성찬식을 위한 소품 준비 등에 대한 책임을 맡을 수 있습니다. 예배 안내를 할 때 중요한 것은 예배를 방해하지 않는 것입니다. 가능한 소리를 내지 않고 눈짓과 손짓으로 안내하는 것이 좋습니다. 자세는 부드럽지만 반듯한 것이 좋고, 얼굴은 환하게 웃으며 누구나 환대하는 것이 좋습니다. 잘 아는 사람과 오래 인사하느라 처음 오신 분이나 최근에 오신 분이 소외되지 않도록 하는 것도 중요합니다. 또한 사회적으로나 교계에서 잘 알려진 분이 오셨을 때는 담임목사에게

알리는 것도 필요합니다.

보급 및 지원 | 집사는 장로(목사, 시무장로)들이 교회에서 가르침과 목양에 집중할 수 있도록 다양한 방식으로 도울 준비가 되어 있어야 합니다. 교회의 규모에 따라 다를 수 있지만, 어떤 경우는 당회의 지도 아래 물품을 구입하는 일도 할 수 있습니다. 그리고 담임목사가 목양에 집중하도록 모든 지원을 다하는 것이 집사의 역할입니다.

집사의 역할은 장로(목사, 시무장로)의 역할과 다릅니다. 장로가 회중을 가르치고 목양하는 업무를 담당하는 반면에 집사는 봉사 지향적인 기능을 감당합니다. 다시 말해서 집사는 교회의 육체적 또는 일시적 관심사와 관련된 책무를 맡습니다. 예를 들어 시설, 자선, 재정, 교회를 운영하는 데 필요한 실제적 물품 보급 및 지원과 같은 일들을 관장하는 책임을 맡을 수 있습니다.[142]

3장
집사 사역의 엔진 그리고 출발점과 종착점

집사 사역의 출발점과 종착점은 어디일까요? 우리는 교회에서만 집사로 살려고 생각할 수 있습니다. 그러나 집사 사역의 출발점은 가정이며 교회를 거쳐 일터까지 나아가야 합니다. 즉 집사 사역의 종착점은 일터(직장, 사업)입니다. 가정과 일터에서 집사답지 못하다면 그의 사역은 반토막 사역이 될 것입니다.

그런데 이런 출발점과 종착점이 건강한 집사가 되기 위해서는 출발점에서 종착점까지 달려갈 엔진이 튼튼해야 합니다. 그 엔진은 무엇일까요? 그것은 끊임없이 예수님을 닮아가는 것입니다.

튼튼한 엔진

집사로서 교회에서뿐만 아니라 가정과 일터에서 참된 집사로 살아가기 위해서는 영적 엔진이 튼튼해야 합니다. 그것은 바로 예수님을 닮아가는 것입니다. 우리는 평생 주님을 닮아가야 참된 집사가 될 수 있습니다. 그러면 어떤 영역에서 예수님을 닮아가야 할까요?

생각의 영역 | 생각은 내버려두면 악한 쪽으로 기울게 되어 있습니다(마 15:19). 그래서 우리의 생각을 사로잡아 그리스도에게 복종시켜야만 합니다(고후 10:5).

감정의 영역 | 아담의 불순종으로 에덴동산에서 생명나무를 먹을 때의 기쁨과 즐거움은 사라지고, 땅이 내는 가시덤불과 엉겅퀴(창 3:18) 같은 쓴 감정들이 사람을 움켜쥐게 되었습니다. 이것이 죄의 본능으로 굳어져 버렸습니다. 얼음처럼 차갑고 돌처럼 딱딱한 감정을 해독하는 길은 없을까요?

우리의 상한 감정이 치유됨을 보이는 가장 큰 증거는 기쁨입니다. 기쁨이 시작되면 슬픔과 탄식은 달아납니다(사

51:11). 이 기쁨은 제자들처럼 예수님을 직접 뵐 때 주어지는 것입니다.

의지의 영역 | 본래 아담에게는 하나님을 따르려는 의지가 있었습니다. 그러나 이 의지가 죄로 깨어지면서 하나님을 반역하는 의지로 전락했습니다. 타락한 의지(意志)는 하나님을 의지(依支)함으로만 치유될 수 있습니다.

관계의 영역 | 아담의 죄로 인해 하나님과의 관계에 단절이 일어났습니다. 하나님과 관계가 깨어지자 사람과의 관계도 깨어졌습니다. 신앙 인격의 변화를 보여주는 가장 분명한 증거는 창조주이신 하나님과의 관계 회복입니다. 우주의 창조주이신 하나님과 올바른 관계 속에 있으면 삶의 심히 미약한 것들조차 의미를 가지기 때문입니다.

행실의 영역 | 성도의 행실은 자신이 하나님의 자녀 됨을 드러내는 증거이자 불신자가 하나님을 보는 거울입니다. 그러나 이미 우리 속에는 아담의 범죄로 인하여 죄악된 행위가 본능처럼 꿈틀대고 있습니다. 어떻게든 죄의 틈새를 비집고 들어오는 악한 행실을 죽이기 위해서는 공세적인 혈

투가 요구됩니다. 하나님께서는 사탄을 대적하고 공격하도록 우리에게 성령의 검 곧 하나님의 말씀(엡 6:17)을 주셨습니다. 온전한 제자훈련은 성령의 검을 거룩한 행실의 필살기로 익히는 훈련입니다.

예수님은 십자가에서 우리의 죄를 다 짊어지시고 우리의 전인격을 새롭게 빚으셨습니다. 따라서 우리가 그분의 십자가 복음에 반응하면 우리의 성품은 자연스럽게 예수 그리스도를 닮아갑니다(고전 11:1). 복음의 본질, 복음의 실체가 예수님이시기 때문입니다(막 1:1). 십자가를 지향하는 변혁, 즉 회개와 믿음을 통해 그리스도를 닮은 모습으로 변화하는 삶은 무엇보다도 우리 인격의 중심에서 일어나 전인격과 전 존재에 울림과 영향을 줍니다.[143]

집사 사역의 출발점인 가정

가정은 우리의 출발점입니다. 우리는 모두 가정에서 태어나고 자랍니다. 저녁에는 가정으로 돌아가 재충전을 하고 일터로 출발합니다. 물론 신앙적으로 교회가 영적인 가정이기에 교회가 출발점이라고 할 수 있습니다. 그러나 여기서 가정을 출발점이라고 말하는 것은 교회만을 중요하게 여겨서 가정생활을 소홀히 해서는 안 되기 때문입니다. 바울도 "집사들은 한 아내의 남편이 되어 자녀와 자기 집을 잘 다스리는 자일지니"(딤전 3:12)라고 하여 가정의 삶을 중요하게 여기고 있습니다. 블랙커비는 "가정을 다스리고 지도하는 방법을 보면, 그가 하나님의 교회를 어떻게 이끌어 갈지를 미리 그려볼 수 있다"144)고 말했습니다.

가정에서의 경건이 진짜 경건일 수 있습니다. 일주일에 몇 번 나오는 교회의 삶에서는 자신이 어떤 사람인지 은폐할 수 있습니다. 그러나 가정에서 우리는 벌거벗은 그대로의 모습을 가족들에게 보여주게 됩니다. 그러므로 제대로 된 경건을 확인할 수 있는 곳은 가정입니다. 가정에서 가족들에게 인정받는 집사는 참된 집사입니다. 아내와 자녀들이 그의 경건과 신앙 인격을 인정한다면, 그는 어디에 가든 참된 집사로서 살 수 있는 사람입니다.

때로 교회에서는 너무나도 경건해 보이며 충성스러운 집사가 집에서는 폭군일 수 있습니다. 경건의 삶을 제대로 살지 못할 수 있습니다. 그의 삶 때문에 아내와 자녀들이 신앙생활에서 실족할 수 있습니다. 그는 집사직의 출발점이 잘못되어 있는 사람입니다. 가정에서도 집사다워야 합니다. 그럴 때 교회에서의 사역도 건강한 사역이 될 수 있습니다.

교회론을 다루는 성경은 에베소서입니다. 그런데 바울은 에베소서에서 가정생활을 함께 다루고 있습니다. 진정한 성도는 가정에서도 성도답게 살기 때문입니다. 에베소서 5장 22절부터는 아내들에게 권면하고 있으며 25절부터는 남편들에게 권면하고 있습니다. 6장 1절부터는 자녀들에게 권면하고 있고, 4절에서는 부모들에게 권면하고 있습니다. 교회인 성도가 가정에서도 교회답게 살아야 한다는 것입니다. 교회는 건물이 아니라 구원받은 사람들입니다. 건물은 교회당 또는 예배당입니다. 그러므로 교회다워진다는 것은 구원받은 성도가 성도다워진다는 말입니다. 존재의 변화입니다. 진정으로 존재가 변화되면 그가 가는 곳은 어디든 교회처럼 바뀌게 됩니다. 꼭 기억하십시오. 성경이 말하는 교회는 교회당 안에서의 삶만을 의미하지 않습니다. 교회당에서 받은 은혜를 가정에서 실천해야 합니다.

그런 점에서 집사 사역의 일번지는 가정입니다. 가정에서 아내를 섬기고 자녀를 섬겨야 합니다. 그들을 영적으로 돌보는 가정의 제사장 역할을 감당해야 합니다. 그것을 하지 못하고 교회에서만 집사의 사역을 하는 것은 사상누각(沙上樓閣)과 같습니다. 언젠가는 무너집니다. 자신이든, 아내든, 자녀든, 누군가가 무너지게 될 것입니다.

배우자에게 사랑받고 싶다는 갈망은 결혼생활의 중심을 이룹니다.[145] 이 갈망은 다른 말로 '감정의 탱크'(emotional tank)라고 합니다.[146] 이것이 채워지지 않으면 사랑받지 못한다고 생각하고 부부 사이, 부모와 자녀 사이에 갈등이 생기고 힘들어집니다. 그런데 사람은 저마다 사랑을 느끼는 탱크가 다릅니다. 우리가 차량에 연료를 넣기 위해서 주유소에 가면 휘발유 펌프와 경유 펌프가 구분되어 있습니다. 만약에 실수로 휘발유 차량에 경유를 주입하면 어떻게 되겠습니까? 반대로 경유 차량에 휘발유를 주입하면 어떻게 되겠습니까? 엔진이 망가져 큰 사고가 납니다. 이처럼 사람마다 감정의 탱크는 사뭇 다릅니다.

게리 채프먼은 사랑의 탱크에는 다섯 가지 종류가 있다고 말합니다. 인정하는 말, 함께하는 시간, 선물, 봉사, 육체적인 접촉이 그것입니다. 그리고 이 다섯 가지 중에서 가장 사랑을 느끼는 것을 제1사랑의 언어라고 합니다. 배우자를 사랑할 때, 배우자의 제1사랑의 언어로 사랑을 해야 배우자는 사랑받는다고 느낍니다. 나의 제1사랑의 언어가 아니라 배우자의 제1사랑의 언어로 사랑할 때, 배우자는 사랑의 탱크가 채워져 행복감을 느끼게 됩니다. 참된 집사는 배우자의 제1사랑의 언어를 알고 그 언어로 배우자를 사랑하는 사람입니다. 이것을 확대하여 자녀들에게도 적용할 수 있습니다.

우리는 성경을 통해 가족 사랑을 배울 수 있습니다. 첫째, 우리에게 보여주신 하나님의 사랑을 통해 우리는 가족과 친구를 사랑하는 법을 배우게 됩니다. 둘째, 가장의 올바른 역할을 알기 원하는 아버지는 하나님이 그분의 백성을 어떻게 인도하셨는지를 생각해보면 됩니다. 셋째, 아내를 사랑하는 방법을 알고 싶은 남편은 주님이 그분의 교회를 어떻게 사랑하셨는지를 찾아보면 됩니다. 넷째, 십자가를 통해 나타난 그리스도의 희생적인 사랑은 자녀에 대한 어머니의 사랑에 비견할 수 있으며, 교회 안의 성도들 역시 이렇게 서로를 사랑하며 섬겨야 합니다. 다섯째, 하나님이 그분의 백성을 지키시고 먹이시고 채워주시고 인도하신 것처럼, 부모는 자녀에게, 교회 지도자는 성도들에게 똑같이 행해야 합니다.[147]

참된 집사는 가정에서 예배의 모범을 보이며, 기도의 모범, 성경을 사랑하는 모범을 보입니다. 계속해서 신앙과 인격의 성장을 추구하는 모범을 보이며, 교회를 사랑하는 모범(교회의 누군가를 비방하는 말을 삼감), 교회를 위해 헌신하는 모범을 보입니다. 나아가 이웃 사랑의 모범을 보이며, 전도의 모범을 보입니다. 그런 집사는 자녀들에게 신앙의 유산을 물려주는 참된 집사가 됩니다. "계승자가 없는 성공은 성공이 아니다"(Success without successor is not a real success)라는 말이 있습니다. 아무리 우리가 성공적인 집사가 되더라도 우리의 자녀들이 신앙을 계승하지 않는다면 우리는 실패한 집사입니다. 참된 집사는 자녀들을 신앙의 계승자로 세우는 사람입니다. 그 일을 위해서 가장 중요한 것은 아버지인 집사의 모범입니다.

집사 사역의 종착점인 일터

참된 집사는 교회 사역이 전부라고 생각하지 않습니다. 교회는 너무나 중요합니다. 우리의 심장 같은 곳입니다. 그러나 심장은 자신만을 위해 존재하지 않습니다. 온몸을 살리는 역할을 합니다. 이처럼 교회는 교회만을 위해 존재하지 않습니다. 교회론인 에베소서는 교회의 존재 이유를 이렇게 말합니다. "교회는 그의 몸이니 만물 안에서 만물을 충만하게 하시는 이의 충만함이니라"(엡 1:23). 그리스도는 교회의 머리이시며 교회는 그분의 몸입니다. 따라서 교회는 만왕의 왕이신 그리스도의 통치가 세상 가운데 이루어지게 해야 합니다. 그 통치는 만물의 결핍을 채워주는 역할입니다.

집사의 사역은 가정에서 출발하여 일터까지 나아가 거기가 종착점이 되어야 합니다. 참된 집사는 교회의 존재 이유를 알기 때문입니다. 일터가 단지 생계의 수단이 아니라 그리스도의 통치가 이루어지는 현장이 되어야 합니다.

바울은 직원들이 일터에서 어떻게 만물을 충만케 하는 사명을 감당해야 하는지를 알려줍니다. "종들아 두려워하고 떨며 성실한 마음으로 육체의 상전에게 순종하기를 그리스도께 하듯 하라 눈가림만 하여 사람을 기쁘게 하는 자처럼 하지 말고 그리스도의 종들처럼 마음으로 하나님의 뜻을 행하고 기쁜 마음으로 섬기기를 주께 하듯 하고 사람들에게 하듯 하지 말라"(엡 6:5-7). 세상 사람 가운데는 눈가림만 하는 직원이 있을 수 있습니다. 그러나 참된 집사는 직원으로서 성실하게 삶으로써 만물을 충만케 할 수 있습니다. 또한 세상은 억지로 일할 수 있지만, 참된 집사는 일터에서 주님을 섬기듯 기쁜 마음으로 일하는 사람입니다.

이어서 바울은 상급자들이 일터에서 어떻게 만물을 충만케 하는 사명을 감당해야 하는지를 알려주고 있습니다. "상전들아 너희도 그들에게 이와 같이 하고 위협을 그치라

이는 그들과 너희의 상전이 하늘에 계시고 그에게는 사람을 외모로 취하는 일이 없는 줄 너희가 앎이라"(엡 6:9). 세상은 부하직원을 위협하는 일이 많지만, 참된 집사는 부하직원을 존중합니다. 그들은 하늘의 상전(주님, Master, 퀴리오스, κύριος)이 계심을 믿습니다. 그렇기에 그분이 원하시는 방식으로 직장의 상사(上司) 역할을 합니다.

근대 유럽의 발전을 이룬 정신에 대하여 막스 베버가 저술한 명저가 있습니다. 『프로테스탄트 윤리와 자본주의 정신』이라는 책입니다. 이 책에서 베버는 중세 가톨릭이 상인과 기업가를 아주 부정적으로 보았다고 말합니다. 당시 가톨릭이 보기에 상인과 기업가는 하나님 나라를 구하기보다는 이윤추구를 통한 부의 축적을 더 중시함으로써 자신들의 영혼을 위태롭게 하는 자들이었고, 형제애를 명하는 기독교 윤리를 어기고 경제적 이득을 얻기 위해 사람들을 착취하는 자들이었습니다. 그래서 "상인은 하나님을 기쁘시게 할 수 없다"는 속담까지 생겨났다[148]고 합니다.

그런데 16세기 칼빈주의자들은 구원받은 성도는 삶으로 자신이 구원받은 성도임을 드러내야 한다고 주장했습니다. 이것이 가톨릭과 다른 점이었습니다. 상인도 사업가도 그 직업과 사업의 현장에서 구원받은 성도답게 그곳을 바꾸어야 한다는 것입니다.

칼빈주의 영향을 받은 17세기의 청교도들은 노동과 부의 축적을 섭리적 차원에서 이해했습니다. 즉 그들은 노동을 신성시했고, 그 부의 창출로 복음을 전하고 어려운 자들을 구제하였습니다. 그래서 부의 축적은 개인의 탐욕이 아니라 복음 전파와 구제를 위한 도구가 되었습니다. 열심히 일해서 나의 탐욕을 채우는 것이 아니라 사회 속에 하나님의 뜻을 이루고자 한 것입니다. 에베소서의 용어로 말하면 부의 축적으로 만물을 충만케 한 것이었습니다. 그 충만은 첫째로 복음 전파, 둘째로 사랑의 섬김, 셋째로 사회 변혁이었습니다.

이것을 근대의 칼빈주의자들과 칼빈주의의 영향을 받은 청교도들은 이런 말로 표현했습니다. "하나님께 더 큰 영광을 돌리기 위하여!"(*ad maiorem Dei gloriam!*)[149] 직장과 사업의 현장에서 하나님께 더 큰 영광을 돌리겠다는 마음으로 일했기 때문에 근대 자본주의가 건강하게 발전할 수 있었다고 합니다. 청교도 목회자인 리처드 백스터는 "부의 획득이 직업 소명 안에서 노동의 열매일 때는 하나님의 복"이라고 말했습니다.[150]

청교도 윤리가 널리 퍼지면서 기업과 상업을 하며 이윤

을 추구하는 사람들은 이제 더 이상 계산적이고 탐욕적이며 이기적인 자들로 여기지 않게 되었고, 도리어 하나님이 맡기신 일을 성실하게 해내는 정직한 자들로 평가되었습니다. 이윤과 자본의 재투자는 이 땅에서 하나님 나라에 기여하는 일로 여겨졌습니다.[151]

베버의 책을 보면 사회학자이자 정치경제학자인 그가 거의 신학자 수준으로 교회사의 흐름을 정리하고 있다는 것을 발견할 수 있습니다. 좋은 책은 보통 제목에 내용이 다 담겨 있습니다. 『프로테스탄트 윤리와 자본주의 정신』이라는 책은 그 제목대로, 근대 유럽과 미국의 자본주의가 건강하게 발전할 수 있었던 것은 프로테스탄트 윤리가 자본주의 정신을 만들었기 때문이라고 합니다. 오늘도 기독교 윤리가 이 사회를 새롭게 한다면 이 사회는 더 건강해질 수 있습니다. 그 일을 위해서 우리는 사업을 하고 직장생활을 하는 것입니다. 그런 사명감을 가지고 직장생활을 하면 다음의 말씀처럼 할 수 있습니다. "기쁜 마음으로 섬기기를 주께 하듯 하고 사람들에게 하듯 하지 말라"(엡 6:7).

그러면 이 말씀이 무슨 뜻입니까? 교회에서 예배하듯이 직장생활을 하라는 것입니다. 주님을 섬기듯, 교우들을 섬기듯 기쁨으로 섬기라는 것입니다. 동시에 우리가 직장에서 기쁨으로 주님께 하듯 섬겨야 할 이유가 8절에 나옵니다. "이는 각 사람이 무슨 선을 행하든지 종이나 자유인이나 주께로부터 그대로 받을 줄을 앎이라"(엡 6:8).

우리 직장생활의 상벌권자가 내 상사인 줄 알았는데 더 궁극적인 상벌권자는 바로 주님이시라는 말입니다. 우리 주님께서 당신의 모든 직장생활을 평가하고 계산하고 계십니다. 이 사람에게 상을 줄 것인가, 벌을 줄 것인가를 판단하고 계십니다.

때로 직장에서 어려운 일이나 억울한 일을 당할 수 있습니다. 그렇다면 기대하십시오. 우리의 진정한 평가자, 상벌권자는 우리 주님이십니다. 당신의 억울한 일을 신원(伸冤: 원통한 일을 풀어준다)하여 주실 것입니다. 지금 당장은 손해 같지만 길게 보면 다 유익합니다. 하나님께서 합력하여 선한 일을 이루시기 때문입니다.

유명한 배우 강석우 씨는 3대째 믿음의 집안 사람입니다. 그는 가정예배와 십일조가 자신을 복되게 했다고 간증합니다. 간증 맨 뒤에는 이런 말을 합니다.

"저 자신을 보면 마치 하나님의 바둑알 같아요. 처음에는 '나를 왜 여기 두셨지' 생각하다가 나중에 돌들이 주변에 차고 보면, '아, 그래서 여기에 두셨구나' 하는 생각이 들거든요. 하나님의 큰 그림 속에 있는 바둑알로 있는 것이 얼마나 감사한지요."152)

하나님은 바둑의 고수처럼 우리 인생을 바둑알 놓듯이 전략적인 위치에 놓아두십니다. 인생 바둑의 하수인 우리는 그것을 오해하고 억울해하기도 합니다. 그러나 나중에 보면 그것은 하나님의 기가 막힌 신의 한 수였음을 알 수 있습니다. 지금 고난과 억울함을 당하고 있습니까? 이것도 하나님의 기가 막힌, 그야말로 신의 한 수라는 것을 잊지 마십시오. 참된 집사는 주님을 바라보고, 주님께 하듯 상사를 존경하면서 성실하게 최선을 다하는 사람입니다.

참된 집사는 신앙이 없는 상사와는 달라야 합니다. 예수님을 믿지 않는 사람과 같거나 그보다 더 악하면 안 됩니다. "상전들아 너희도 그들에게 이와 같이 하고 위협을 그치라 이는 그들과 너희의 상전이 하늘에 계시고 그에게는 사람을 외모로 취하는 일이 없는 줄 너희가 앎이라"(엡 6:9).

참된 집사인 상사(上司)는 먼저 위협을 그쳐야 합니다. 위협은 분노하는 것을 말합니다. "분을 내어도 죄를 짓지 말며 해가 지도록 분을 품지 말고 마귀에게 틈을 주지 말라"(엡 4:26-27). 분노 때문에 죄짓지 마십시오. 분노의 마감 시간을 지키십시오. 해질 때가 마감 시간입니다. 분노는 마귀에게 틈을 주는 것입니다. 분노하면 마귀가 반드시 공격합니다. 그래서 우리 마음과 가정과 삶의 터전을 점령합니다. 상사가 분노하고 위협하는 것은 그 직장을 마귀에게 헌납하는 것이고, 부하직원에게는 큰 상처를 주는 것입니다.

분노하고 위협하지 말아야 할 이유가 9절에 또 나옵니다. "상전들아 너희도 그들에게 이와 같이 하고 위협을 그치라 이는 그들과 너희의 상전이 하늘에 계시고 그에게는 사람을 외모로 취하는 일이 없는 줄 너희가 앎이라"(엡 6:9). 이 사업장에서는 내가 상사이지만, 나보다 더 높으신 분이 하늘에 계셔서 나의 상벌권자가 되십니다. 나도 하나님 앞에서는 내 직원과 똑같이 평가받을 한 연약한 인생에 불과함을 기억하십시오. 우리가 대단해 보이지만 아무것도 아닙니다. 주님이 한 번 치시면 다 무너지고 주님이 부르시면 다 놓고 떠나가야 하는 인생입니다.

예수님이 말씀하신 비유가 하나 있습니다. 어떤 부자가 사업이 잘돼서 창고를 확장하고, 이제 앞으로 마음 놓고 인생을 즐기자고 하였습니다. 그때 하나님이 그에게 이런 말씀을 하십니다. "어리석은 자여 오늘 밤에 네 영혼을 도로 찾으리니 그러면 네 준비한 것이 누구의 것이 되겠느냐"(눅 12:20).

하늘의 상전이 있다는 것을 잊지 마십시오. 그분은 사람을 외모로 취하지 않으십니다. 사장이라고 봐주고 평직원이라고 함부로 하시지 않습니다. 창세기 15장 2절에 아브라함은 이스마엘과 이삭을 낳기 전에 자기의 종인 다메섹 사람 엘리에셀을 상속자로 삼으려고 했습니다. 종에 대한 배려를 볼 수 있습니다. 그 후 이삭이 태어나고 후에 이삭의 아내감을 구하러 갈 때 아마도 이 엘리에셀이 갔을 것이라고 학자들은 보고 있습니다.[153]

마태복음 8장에 한 백부장이 중풍병에 걸린 하인을 위해 예수님께 간청하는 장면이 나옵니다. 바로 이런 모습이 좋은 상사의 모습입니다. 바울도 범죄한 노예 오네시모를 변화시켜 새사람이 되게 했습니다. 빌레몬도 이 오네시모가 회개하고 돌아오자 바울의 부탁을 받고 받아주었습니다. "이 후로는 종과 같이 대하지 아니하고 종 이상으로 곧 사랑 받는 형제로 둘 자라 내게 특별히 그러하거든 하물며 육신과 주 안에서 상관된 네게랴"(몬 1:16).

훗날 안디옥의 감독이었던 이그나티우스는 에베소에 보낸 편지에서 오네시모를 "형언할 수 없는 사랑의 사람이요, 당신의 감독"이라고 표현합니다. 이것을 볼 때 학자들은 오네시모가 에베소의 감독이 되었다고 말합니다.[154]

제가 군목 시절에 만난 참된 집사가 있습니다. 국방대학원(현 국방대학교) 부목사 시절, 육해공군해병대 장교들과 함께 성경 공부를 하며 중고등부를 지도할 때, 참 좋은 분들을 많이 만났습니다. 그중에 한 분이 '아덴만 여명 작전'의 현장 지휘관이자 청해부대 최영함 함장이었던 C 집사입니다. 2011년 1월 소말리아 해적에게 나포된 우리 국민을 구출하는 과정에서 C 집사의 행동은 일터에 하나님의 통치가 임하는 것을 보여주었습니다.

1차 구출 작전이 시작되려고 하는 순간, C 집사는 통신당직자에게 삼호주얼리호를 나포한 해적이 흰색 깃발을 흔들며 항복하려고 한다는 보고를 받았습니다. 그런데 잠시 후 UDT 검문검색대장 등 3명이 부상하여 최영함으로 복귀 중이라는 청천벽력 같은 보고를 받았습니다. 해적이 선원들 뒤에 숨었다가 UDT가 접근하자 갑자기 뛰쳐나와 UDT 검문검색대에 기관단총으로 조준 사격을 가한 것이었습니다. '제1차 구출 작전'의 실패였습니다.[155] 그나마 다행이고 감사한 것은 부상자들의 생명에 지장이 없는 것이었습니다. 그는 이 위기의 순간에 함장실에서 무릎을 꿇고 하나님께 기도했습니다. "주여, 도와주시옵소서! 지혜를 주옵소서! 주의 긍휼을 내려주옵소서!"[156]

며칠 후 그는 홀로 함장실에서 감당하기 어려운 압박감 속에 고뇌하고 있었습니다. 그가 의지할 곳이라고는 전능하신 하나님뿐이었습니다. 지금까지의 삶이 오직 하나님의 은혜와 도우심이었기에 지금 직면하고 있는 어려움도 끝내 극복하고 승리하게 되리라 믿었습니다. 평소 그는 부대원들 앞에서 강하고 자신만만한 모습을 보이는 지휘관이었습니다. 그러나 아무도 없는 함장실에서는 힘들 때 어린아이가 부모에게 호소하듯 솔직하게 하나님께 자신의 어려움을 토로하고 도움을 구하는 연약한 인간이었습니다.

그날도 평소 신조인 '근심, 걱정, 염려는 하나님께 내려놓고 이를 기도로 바꿔라'를 기억하며 함장 책상 앞에 무릎을 꿇고 하나님께 한참 동안 간절히 기도를 드렸습니다. 기도 후에는 늘 하던 대로 컴퓨터 영어 성경을 들으려고 함장 의자에 털썩 주저앉았습니다. 정말 온몸이 천근 같고 극한 상황의 연속으로 며칠 동안 거의 잠을 자지 못해 극도의 피곤함이 몰려왔습니다. 힘겹게 헤드폰을 귀에 착용하고 미디어 플레이어의 파란색 표시가 시편 40편임을 확인한 후 시작 버튼을 누르며 '주여, 지혜를 주옵소서'라는 마음으로 조용히 눈을 감았습니다.

눈을 감고 영어 성경을 듣기 시작하는 순간, 그의 옆을

스치며 지나가는 바람 같은 것이 느껴졌습니다. 그리고 분명히 눈으로 확인했는데, 귀에 들리는 소리는 시편 40편이 아닌 시편 27편이었습니다. 소름이 끼쳐 눈을 뜨고 좌우를 둘러보았지만 아무것도 없었습니다.

"The LORD is my light and my salvation - Whom Shall I fear? The LORD is the stronghold of my life - of whom shall I be afraid? … Wait for the LORD; be strong and take heart and wait for the LORD." ("여호와는 나의 빛이요 구원이시니 내가 누구를 두려워하리요 여호와는 내 생명의 능력이시니 내가 누구를 무서워하리요 … 너는 여호와를 기다릴지어다 강하고 담대하며 여호와를 기다릴지어다")

귀에 울려 퍼지는 성경 말씀에 온몸에 전기가 통하듯 전율이 느껴졌습니다. 지친 몸이 새털처럼 가벼워지며 가슴 저 깊은 곳에서 주체할 수 없는 기쁨과 독수리 날개 치듯 강력한 새 힘이 샘물처럼 용솟음쳤습니다. 무겁기만 하던 마음이 평안과 기쁨과 확신으로 충만해졌습니다. 이때 그의 마음에 '우리 최영함을 제2차 구출 작전에서 21세기 아덴만의 거북선으로 재탄생시키겠다'라는 결심이 섰습니다.[157]

2011년 1월 20일 17시 12분, 이명박 대통령이 마침내 청해부대의 구출작전을 최종 승인했습니다.[158] 2011년 1월 21일 새벽에 치러질 운명의 시간을 앞두고 그는 거의 뜬눈으로 밤을 지새웠습니다. 그런데도 그의 몸과 마음은 이상하리 만큼 안정되고 평온함을 유지할 수 있었습니다. 모두가 하나님의 은혜라고 생각했습니다. 평소 외우던 고린도전서 10장 13절 "사람이 감당할 시험밖에는 너희가 당한 것이 없나니 오직 하나님은 미쁘사 너희가 감당하지 못할 시험 당함을 허락하지 아니하시고 시험 당할 즈음에 또한 피할 길을 내사 너희로 능히 감당하게 하시느니라"는 말씀이 떠올라 조용히 읊조려보았습니다. 지난 삶을 돌아보며, 신실하신 하나님을 믿고 나아갈 때 승리하게 하신 그분이, 그가 직면한 극한의 위기 상황도 잘 감당하게 해주실 것을 믿음으로 고백했습니다.[159]

새벽 3시가 되자 전 장병이 기상하여 전투준비에 돌입했습니다. 드디어 새벽 4시, 은밀한 가운데 총원 전투배치가 이루어졌습니다. 그는 전투지휘소에서 나와 함장실로 들어갔습니다. 그리고 침실에서 무릎을 꿇고 두 손을 들어 전능하신 하나님께 기도했습니다.

"하나님, 도와주옵소서! 이 환난에서 건져주옵소서!"

짧고 간단했지만 처절하며 간절한 기도였습니다. 이후 두 번 더 함장실에 가서 전능하신 하나님께 간절히 기도했습니다. 기도를 마친 후 그는 마음이 후련한 것을 경험했습니다.[160]

04시 46분, UDT 고속보트가 최영함에서 하강하여 삼호주얼리호로 출동하였습니다. 05시 23분, 링스헬기가 최영함에서 출격했습니다. 05시 42분, 지휘관의 명령대로 링스헬기의 K-6 기관총이 해적을 향해 불을 뿜었습니다. 05시 45분, 최영함에서 M-60 기관총이 해적을 향해 불을 뿜었습니다. 06시 10분, 그는 UDT 공격팀에 삼호주얼리호 등반 및 선박 진압 작전을 명령했습니다. 09시 54분, UDT 공격팀이 삼호주얼리호 선박 내부 총 57개 격실에 대한 수색을 완료한 후 해적 8명 사살, 5명 생포, 선원 21명 전원을 구출했다고 보고했습니다.[161] 인질이 한 명도 숨지지 않고 구출된 것입니다. 이는 해상 인질 구조 작전상 전 세계에 유례가 없는 대역사였습니다.

이 사례는 우리에게 일터에서 어떻게 하나님과 동행하며 승리하는가를 보여줍니다. 참된 집사는 이렇게 일터에서 하나님을 경외하며 기도하고, 마침내 그곳에서 일하시는 하나님을 만나는 사람입니다. 그로 인해 하나님의 위대하심을 드러냄으로 하나님께 영광을 돌리고, 더 나아가 세상 사람들이 주님을 알아가게 하는 사람입니다.

영역주권의 현장인 가정과 일터

아브라함 카이퍼[162]는 영역주권 사상을 주장하며 가르쳤습니다. 이 사상에 따르면, 하나님은 절대 주권자이시지만 인간에게 주권을 이양하셨습니다. 즉 인간은 하나님의 주권을 수행하는 도구입니다. 가족의 영역, 교회의 영역, 과학과 예술의 영역, 기술과 발명의 영역, 무역과 산업의 영역, 농업, 사냥과 어업의 영역, 사회단체의 영역에 하나님께서 각각의 주권을 부여하셨으며, 그 주권을 받은 사람은 절대 주권자이신 하나님의 통치를 받음으로 영역주권을 시행해야 합니다. 그리고 각각의 영역주권은 존중되고 보호되어야 합니다. 상호 침해하지 말아야 합니다.[163]

이런 의미에서 우리는 가정과 일터에서 하나님이 위임하신 주권을 행사해야 합니다. 그 목적은 절대 주권자이신 하나님의 뜻을 실현하기 위한 것이어야 합니다. 참된 집사는 가정과 일터를 보금자리와 생계 수단으로만 생각하지 않습니다. 가정의 영역과 일터의 영역에서 하나님의 절대주권이 나를 통하여 영역주권으로 실현되기를 바라고 실천합니다.

그런 점에서 교회가 너무나 소중하지만 가정과 일터도 간과하지 말아야 합니다. 그곳에서 하나님이 위임하신 영역 주권을 행사해야 합니다.

부록

부록1 집사 서약의 의미 | 170
부록2 집사의 대표기도 | 174
부록3 집사의 심방 | 181
부록4 긍휼 사역 기획서 | 184
부록5 집사 사역 평가 | 186
부록6 집사의 회의법 | 189

부록1

집사 서약의 의미

집사로 임직할 때 모든 집사는 다음의 내용을 서약합니다. 임직 전에 이 서약의 의미를 알고 서약을 하는 것이 좋습니다.

집사 임직 서약문
1. 신구약 성경은 하나님의 말씀이요, 신앙과 행위에 대하여 정확무오(正確無誤)한 유일(唯一)의 법칙임을 믿고 따르기로 서약합니까?
2. 본 장로회 신조와 웨스트민스터 신도게요 및 대소요리문답은 신구약 성경의 교훈한 도리를 총괄한 것으로 알고 성실한 마음으로 받아 믿고 따르겠습니까?
3. 본 장로회 정치와 권징 조례와 예배 모범을 정당한 것으로 알고 따르기로 승낙합니까?
4. 본 교회의 안수집사 직분을 받고 하나님의 은혜를 의지하여 진실한 마음으로 하나님을 사랑하며 몸 된 교회에 충성하고, 모든 일에 성도들의 본이 되어 교역자와 마음을 같이하여 교회 부흥에 힘쓰기로 서약합니까?

5. 본 교회의 화평과 연합과 성결함을 위하여 힘써 노력하기로 서약합니까?¹⁶⁴⁾

(대한예수교장로회총회, 『새표준예배·예식서』, p. 91.)

집사 임직 서약문 해석

1. 성경은 정확무오(正確無誤)한 하나님의 말씀입니다. 우리는 완전영감, 축자영감을 믿습니다. 성령께서 한 글자 한 글자 감동하셔서 인간 기록자로 하여금 기록하게 하신 것입니다. 그리고 성경은 오류가 없는 무오한 하나님의 말씀입니다. 우리가 믿는 개혁신학은 이렇게 요약할 수 있습니다. "개혁신학은 존 칼빈 중심의 종교개혁 신학에 기초해 성경의 최고 권위, 오직 은혜로 얻는 구원, 하나님의 통치, 문화 변혁을 강조합니다." (Reformed theology, rooted in John Calvin-centered Reformation theology, emphasizes the supreme authority of the Scripture, salvation obtained solely by grace, God's reign, and cultural transformation.)¹⁶⁵⁾

이 요약에서도 제일 먼저 강조되는 것은 '성경의 최고 권위'입니다. 이것이 신앙에서 가장 중요합니다. 조직신학 제1권도 성경에 대한 것이며, 신앙고백 제1장도 성경에 대한 것입니다. 성경을 정확무오한 하나님의 말씀이요, 우리의 신앙과 삶의 유일한 법칙으로 믿는 것이 참된 집사의 신앙입니다.

2. 장로회 신조는 우리 교단 헌법책 맨 앞에 나오는 열두 개의 기본 신조, 즉 '12신조'를 믿는가 하는 것입니다. 헌법책을 읽고 확인해야 합니다(2018년 판 『헌법』, 21-25쪽). 임직교육 시에 목사님을 통해 배우게 될 것입니다.

웨스트민스터 신도게요는 웨스트민스터 신앙고백(2018년 판 『헌법』, 276-347쪽)을 말합니다. 게요(揭要)는 '높이 들어 올릴 만큼 중요한 교리'라는 뜻입니다. 신앙고백이 그만큼 중요하다는 의미입니다. 성경을 잘 요약한 신앙고백이기에 이를 최초로 번역한 윌리엄 베어드 선교사가 어려운 한자인 게요(揭要)를 쓴 것입니다. 이것을 개요(槪要: 대강의 요점)로 오해하면 안 됩니다. 웨스트민스터 신앙고백은 우리 교단의 표준문서입니다. 모든 신학과 신앙, 생활의 표준이 된다는 말입니다.[166]

대소요리문답은 교단 헌법책 12신조 다음에 나옵니다 (2018년 판 『헌법』, 29-144쪽). 웨스트민스터 신앙고백서를 중심으로 만들어진 소요리문답(107개 문답: 질문과 답의 형태로 교육하는 교재)은 어린이와 초신자용이었고, 대요리문답(196개 문답: 질문과 답의 형태로 교육하는 교재)은 어른용이었습니다. 이것을 임직 전에 읽어보는 것은 교리적 확신을 갖는 데 큰 도움을 줄 것입니다.

3. "본 장로회 정치와 권징조례와 예배 모범을 정당한 것으로 알고 따르기로 승낙합니까?"라는 질문은 교단 헌법에 나오는 정치(교회 운영의 원칙, 2018년 판 『헌법』, 147-204쪽), 권징조례(예수 그리스도께서 주신 권한을 이용하여 교회를 치리하며 권고하는 것, 2018년 판 『헌법』, 207-240쪽), 예배 모범(주일성수와 예배에 대한 모범, 2018년 판 『헌법』, 243-272쪽)을 받아들이고 따르겠냐는 질문입니다.

4. "본 교회의 안수집사 직분을 받고 하나님의 은혜를 의지하여 진실한 마음으로 하나님을 사랑하며 몸 된 교회에 충성하고, 모든 일에 성도들의 본이 되어 교역자와 마음을 같이하여 교회 부흥에 힘쓰기로 서약합니까?"라는 질문은 인간적인 힘이 아니라 하나님의 은혜를 의지하고, 건성이 아닌 진실한 마음으로, 대충이 아닌 힘써 이 직분을 행할 각오가 되어 있느냐는 것을 묻는 것입니다.

5. "본 교회의 화평과 연합과 성결함을 위하여 힘써 노력하기로 서약합니까?"라는 질문은 아무리 열심히 헌신해도 성도들과 화평하지 못하고 연합하지 못하면, 그리고 거룩하지 못하면 참된 집사가 될 수 없기에 묻는 것입니다.

부록2

집사의 대표기도

집사의 대표 기도는 매우 중요합니다. 교인들을 대표해서 하나님 앞에 나아가는 것이며, 동시에 함께 기도하는 분들이 공감하여 함께 하나님께 나아가도록 인도하는 것이기 때문입니다. 그래서 대표로 기도한다는 말도 사용하지만, 대표로 기도를 인도한다고 말하기도 합니다. 여기서는 먼저 대표 기도 지침과 주일예배 기도 샘플, 심방예배 기도 샘플을 소개하고자 합니다.

대표 기도 지침
1. 개인 기도는 길게, 대표 기도는 짧게 3분 이내로 하십시오. 기도의 대원칙은 개인 기도는 길게, 대표 기도는 짧게 하는 것입니다.
2. "다 같이 기도합시다"라는 말은 하지 않고 바로 기도로 들어가는 것이 좋습니다. 이미 기도하는 순서임을 모두가 알고 있기 때문입니다.
3. 기도의 내용은 ACTS의 순서대로 하면 됩니다. 하나님을

찬양하고(Adoration) 죄를 자백하고(Confession) 감사하고(Thanksgiving) 간구하는(Supplication) 순서입니다.[167]

- **찬양**(Adoration)은 우리의 창조주, 우리의 구원자, 우리를 섭리하시는 하나님, 그 외에도 하나님을 높여드릴 수 있는 내용을 가지고 하나님을 찬양하는 것입니다. 우리로 하나님을 예배하게 하심도, 전심으로 하나님을 사랑하게 하심도 찬양할 수 있습니다.
- **자백**(Confession)은 하나님과 나 사이에 하나님을 기쁘시게 하지 않는 모든 것을 없애버리도록 도와줍니다. 우리는 모두 죄를 지었습니다. 사도 요한은 요한일서 1장 8-9절에서 "만일 우리가 죄가 없다고 말하면 스스로 속이고 또 진리가 우리 속에 있지 아니할 것이요 만일 우리가 우리 죄를 자백하면 그는 미쁘시고 의로우사 우리 죄를 사하시며 우리를 모든 불의에서 깨끗하게 하실 것이요"라고 했습니다.
- **감사**(Thanksgiving)는 우리의 어린 시절을 생각하면 이해가 잘 됩니다. 어린 시절 누군가 우리에게 선물을 주면 "감사합니다"라고 했습니다. 매 순간 하나님은 우리에게 선물을 주고 계십니다. 그렇기에 우리는 하나님께서 우

리 삶에 이루신 놀라운 일과 우리가 받은 선물들을 기억하며 하나님께 끊임없이 감사해야 합니다. 에베소서 5장 20절에는 "범사에 우리 주 예수 그리스도의 이름으로 항상 아버지 하나님께 감사하며"라고 했고, 데살로니가전서 5장 18절에는 "범사에 감사하라 이것이 그리스도 예수 안에서 너희를 향하신 하나님의 뜻이니라"고 했습니다.

- **간구 또는 도고**(Supplication or Intercession)는 하나님께 우리 또는 다른 사람의 필요를 위해서 기도하는 것입니다. 간구는 우리 자신의 필요를 아뢰는 것이요, 도고는 다른 사람을 위해 구하는 것입니다(도고는 중보기도라고도 하지만, 디모데전서 2장 5절에 중보자는 오직 예수 그리스도 한 분뿐이시라고 하므로, 중보기도보다는 도고[禱告-다른 사람을 위해 하나님께 빌어 고한다는 뜻], 대도[代禱-다른 사람을 위해 대신 빈다는 뜻] 또는 다른 사람을 위한 기도라고 하면 더 좋겠습니다.) 간구 제목은 매우 많을 것입니다. 세계, 대한민국, 북한 동포, 선교사, 우리가 속한 교단과 신학대학교와 신학대학원, 우리 교회, 우리 자신들을 위해 기도할 수 있습니다. 개인기도 시에는 충분한 시간을 가지고 하되, 대표 기도 시에는 압축해서 하는 것이 좋습니다. 또 개인기도 시에 주님께서 우리에게

기도의 모델로 주신 주기도문을 사용하여 그 형식을 따라 기도하면 좋습니다. 이와 같은 기도의 패턴을 이용하면 더 합당한 기도를 하나님께 드리게 될 것입니다.[168]

4. 간구에서는 이번 주간에 있는 교회의 사역을 위해서 기도하는 것이 좋습니다. 어린이 부서 성경학교, 청소년 및 청년 부서 수련회, 단기 선교, 전도집회 등을 위해서 기도할 수 있습니다. 또 교회적으로 공개해도 되는 심각하게 아픈 성도를 위해서도 기도할 수 있습니다. 이때 영적 리더이신 담임목사님을 위한 기도를 잊지 말아야 합니다. 부목사님, 전도사님들과 평신도 리더인 당회를 위해서도 기도해야 합니다. 또한 오늘의 예배가 하나님께 온전히 올려지고, 모든 예배자가 큰 감동을 받도록 기도해야 합니다.
5. 공예배는 너무나 중요합니다. 그러므로 공예배 대표 기도를 위해서는 적어도 그 주간만큼은 새벽기도를 드리면서 준비하면 좋습니다. 전 교인을 대표해서 기도하는 것이기 때문에 그런 헌신이 필요합니다.

주일예배 대표기도 예문
전능하신 하나님 아버지, 말씀으로 우주 만물을 만드시고 오늘도 통치하시는 만왕의 왕이신 하나님께 찬양을 드립니다. 우리를 너무나도 사랑하셔서 독생자 예수 그리스도를 보내주시고, 십자가에서 저희 죄인들의 죄를 대속하게 하시니 감사합니다.

하지만 우리는 하나님의 은혜를 저버리고, 우리의 욕심을 따라 온갖 죄를 저질렀음을 고백합니다. 너무나도 죄송합니다. 아버지 하나님의 긍휼하심에 의지하여 회개하오니 우리 마음과 말과 행동으로 지은 모든 죄를 용서하여 주옵소서.

우리의 부족함에도 불구하고 지난 한 주 동안 보살펴주신 하나님께 감사드립니다. 우리가 지나온 모든 순간이 당연한 것이 아니라 하나님의 은혜였습니다. 조국 대한민국이 오늘 이렇게 부강한 나라가 된 것도 하나님의 은혜입니다. 사랑하는 우리 교회를 이렇게 복되게 인도해주시는 것도 감사드립니다.

이제 간구하옵기는 이번 주에 있는 여름성경학교와 수련회를 통해 저희 다음 세대들이 하나님을 인격적으로 만나게 하옵소서. 하나님 안에만 있는 구원과 인생의 진정한 의미를 알게 하시고, 일생을 하나님 중심으로 살아가게 하옵소서. 교회를 위해 헌신하시는 담임목사님과 목회자님들, 당회의 장로님들에게 복을 주셔서 교회를 말씀과 기도와 행정으로 잘 이끌게 하옵소서. 조국 대한민국을 위해 기도합니다. 북한의 위협으로부터 이 나라를 지켜주시고, 위정자(爲政者-정치인)들이 하나님을 두려워하며 하나님의 선하신 뜻을 따라 나라를 이끌게 하옵소서.

오늘 예배를 위해 기도드립니다. 오직 하나님께만 영광을 올려드리게 하옵시며 저희 모두가 신실한 예배자가 되게 하옵소서. 특별히 하나님의 말씀을 전하시는 목사님이 성령님으로 충만하여 하나님의 말씀을 잘 전하게 하옵소서. 예수님의 이름으로 기도합니다. 아멘.

심방 예배 기도 예문

우주 만물을 만드시고 오늘도 다스리시는 창조주, 섭리주 하나님께 모든 영광을 올려드립니다. 독생자 예수님을 보내시어 우리를 구원하신 하나님께 찬양을 올려드립니다. 이런 엄청난 은혜를 받고도 감사할 줄 모르고 순종할 줄 몰랐던 우리의 모든 허물을 용서하여 주옵소서.

이렇게 우리의 부족함에도 날마다 은혜를 베푸시고, 우리의 인생을 이끌어주시는 선한 목자이신 하나님께 감사드립니다. 지금까지 걸어온 인생길마다 하나님의 은혜가 아닌 것이 없었기에 감사를 드립니다.

오늘은 하나님께서 참으로 사랑하시는 ○○○ 성도님 가정에 심방을 왔습니다. ○○○ 성도님을 참으로 사랑하시는 하나님 아버지, 우리 귀한 성도님에게 은혜를 베풀어주셔서 오늘의 고난을 이기게 하옵소서. 이 고난을 믿음으로 대처하여 하나님의 은혜로 승리하고 머지않아 간증하는 그날이 오게 하옵소서.

오늘 말씀을 전하시는 목사님과 함께하여 주시고, 이 가정에 꼭 필요한 은혜를 주옵소서. 예수님의 이름으로 기도합니다. 아멘. (심방을 인도하는 목회자가 설교 후에 기도하므로 심방기도는 짧게 한다.)

부록3

집사의 심방

네덜란드 개혁교회는 집사가 심방할 수 있다고 말합니다. 그러나 캐나다 개혁교회와 호주 개혁교회는 집사의 심방이 임직 예식문에 암시적으로만 표현되어 있습니다.[169] 한국교회에서 집사는 목회자를 모시고 심방할 때도 있고, 때로는 당회의 지도하에 개인 또는 다른 집사들과 함께 심방할 수도 있습니다. 조심할 것은 이성(異性)을 혼자 심방하는 것은 금해야 합니다. 그러면 하나님께서 집사를 사용하여 심방의 대상자를 살리시려고 할 때 집사는 어떻게 해야 할까요?

심방 전 준비 | 심방 대상자의 이름과 가족들의 이름을 놓고 먼저 기도로 준비합니다. 그를 돌볼 필요가 무엇인지를 깨달아 하나님께서 이번 심방에 목사님을 사용해 주시도록 기도합니다. 목회자가 없이 집사가 심방을 갈 때는 자신을 사용해 주시도록 기도합니다. 집사가 혼자서 또는 여러 집사가 심방을 갈 때는 하나님께서 그 가정을 위해 말씀을

주시도록 기도하며, 개인적으로 최근에 묵상한 말씀 기록을 찾아보거나 과거에 은혜 받은 말씀을 기억하여 준비합니다. 그러나 말씀을 나누는 시간은 길지 않아야 합니다.

심방 지침 | 심방 대상자를 만나는 곳이 그분의 집일 수도 있지만, 요즘은 직장이나 카페에서 만날 수도 있습니다. 가장 좋은 것은 집이지만 그분의 여건에 맞추어야 합니다. 항상 심방자는 약속 장소에 미리 도착해야 합니다. 너무 일찍 가는 것도 실례가 되므로 10분 전에 도착하여 차 안에서 기도하면서 준비하다가 정시에 들어가는 것이 좋습니다.
심방을 시작하기 전에 먼저 심방 대상자의 말을 듣는 것이 중요합니다. 그렇게 하면 심방 예배에 어떤 것을 더 기도할지, 어떤 말씀을 전해야 할지를 알게 됩니다. 일방적인 심방 예배는 효과가 없습니다. 먼저 잘 경청하고, 그를 위해 어떤 말씀을 전하고 기도할지를 결정해야 합니다. 무엇보다도 잘 들어주는 것이 심방 대상자의 마음에 큰 위로가 됩니다. 목회자가 심방 예배를 인도할 때는 옆에서 전심으로 찬양하고 기도에 동참합니다. 특히 기도할 때는 온 맘을 다하여 기도합니다. 집사가 인도할 때는 성령님을 의지하여 진실하게 인도합니다.

심방 후 지침 | 심방 대상자의 비밀을 지켜주어야 합니다. 비밀을 지켜주지 않으면 큰 상처를 받게 됩니다. 그 비밀은 아내에게도 나누면 안 됩니다. 그리고 심방 대상자의 기도 제목을 놓고 매일 기도해야 합니다. 일주일에 1회 정도는 안부를 묻는 전화를 하는 것도 좋습니다. 그리하여 그 성도의 신앙과 인생이 온전히 회복될 때까지 도와주는 역할을 해야 합니다. 집사 또는 여러 집사가 심방했을 때는 교구 목회자나, 교구 목회자가 없는 교회인 경우는 담임목사님께 반드시 심방 결과를 보고해야 합니다. 그래야 교회를 세우는 참된 집사가 될 수 있습니다.

부록4

긍휼 사역 기획서

1. 프로그램 이름
2. 대상 및 채워주어야 할 필요들
3. 필요를 채우기 위한 기본 프로그램 전략
4. 소요 자원
   - 인력
   1) 투입되어야 하는 인원
   2) 투입되는 활동가의 직책과 계층
   3) 직업의 종류와 그에 따른 기술과 기능
   4) 지원자를 별도로 모집해야 하는가?
   5) 훈련이 필요한가?
   6) 교회에 전담 그룹을 만들어 프로그램을 맡겨야 하는가?
   - 설비와 장비
   1) 소요 공간의 종류와 크기
   2) 사용 빈도
   3) 그 밖에 소요되는 장비와 소모품

- 재정
1) 총 예산
2) 프로그램을 통해 창출되는 수입
3) 연간 예산
4) 프로젝트의 수입예산 및 수입원
5) 프로그램 성패를 평가하는 기준
6) 현재부터 프로그램 작동 상황에 이르기까지 밟아야 할 단계(완료일)

   1단계 : _____ 부터 _____ 까지
   2단계 : _____ 부터 _____ 까지
   3단계 : _____ 부터 _____ 까지

7) 계획에 맞춰 프로그램을 책임질 담당자
8) 그 밖에 예상되는 걸림돌[170]

부록5

집사 사역 평가

우리의 만족이 아닌 이웃의 필요를 얼마나 채웠는가로 사역을 평가해야 합니다. 이것은 집사회가 모였을 때 사용할 수 있는 도구가 될 것입니다.

사역의 평가
모든 이들이 함께 볼 수 있도록 칠판이나 프로젝터를 사용하십시오.

영역	필요와 문제	대책과 절차
1. 집사의 동기		
2. 집사의 기술		
3. 지원자 모집과 관리		
4. 집사회의 구조		
5. 지원/가용자산(재정, 장비 등)		
6. 전임 사역자와 교회의 지원		

사역의 평가를 돕는 질문들

다음은 집사 직분을 수행하는 이들이 진행 중인 긍휼 사역을 더 정확하게 평가하는 데 도움이 될 만한 질문들입니다.

우선순위 질문 | 집사들이 실제로 어떤 일을 맡아보고 있습니까? 집사회가 다음 중 어떤 사역에 시간과 에너지를 투입하도록 우선순위를 부여하고 있는지 점수를 매겨 보십시오. 우선순위가 가장 높은 항목에 5점을, 가장 낮은 항목에 1점을 주십시오. 집사회가 각 항목에 할당한 시간의 비중을 퍼센트로 표현해보십시오.

구분	우선순위	시간(%)
병들고, 나이 들고, 가난한 이, 미혼모, 장애인을 돕는 일		
돈을 모으고 나눠주는 일		
자산을 유지하고 관리하는 일		
안내, 도움		
그 밖의 일		

기금이나 예산 질문 | 집사들이 신체적·경제적으로 어려운 처지에 있는 이들을 돕는 데 사용할 수 있는 기금이나 예

산이 있습니까? 있다면, 교회 전체 예산 가운데 몇 퍼센트 정도 됩니까? 지금 상태가 적당하고 합리적인 비율이라고 생각합니까?

재정 지원 질문 | 지난해 교인들 가운데 얼마나 많은 개인, 또는 가정이 직접 지원(재정, 또는 기타)을 받았습니까? 또 교회 밖에서 얼마나 많은 가정이 직접 지원을 받았습니까?

섬김 지원 질문 | 지난해 교인들 가운데 얼마나 많은 개인, 또는 가정이 집사의 섬김(일자리를 얻도록 돕고, 재정적인 문제를 상담해주고, 관심을 쏟고, 귀 기울여 들어주는 일)을 받았습니까? 또 교회 바깥에서 얼마나 많은 가정이 교회에서 제공하는 집사의 섬김을 받았습니까?

사역의 결과 질문 | 직접 지원과 섬김은 얼마나 효과적이었습니까? 의존적인 성향을 강화하지 않는 방식으로 도움을 줄 수 있었습니까?[171]

부록6

집사의 회의법

회의를 진행할 줄 모르면 리더가 될 수 없다는 말이 있습니다. 집사로서 남전도회를 비롯한 여러 모임에서 회의를 인도할 기회가 있어 회의법을 간략히 소개합니다.

회의법의 기본 원칙
1. 토론 자유 원칙 : 상정된 안건에 대해 좋은 결론을 내기 위해서는 회의에 참여한 다양한 구성원들의 의견을 들을 수 있는 토론의 자유가 보장되어야 한다는 원칙입니다.
2. 회원 평등 원칙 : 모든 회원이 평등한 대우를 받으며 의견을 개진할 때 더 좋은 결론에 도달할 수 있다는 원칙입니다.
3. 다수결 원칙 : 회의체의 의사결정에 가장 이상적 방법은 전원 일치이지만, 그렇지 않을 경우에는 다수가 지지하는 것으로 결론을 내린다는 원칙입니다. 다수 의견이 항상 옳은 것이 아니기에 소수의 의견도 존중하고 참고하여야 합니다.[172)]

회원의 발언권

모든 회원은 회의 시 발언할 수 있는 기본권리가 보장되어 있습니다. 그러나 그 권리는 규칙에 의해 제한을 받습니다.

1. 의사진행 발언 : 의사진행은 의장에게 위임된 권한입니다. 그러나 의장이 의사진행을 올바르게 진행하지 못할 때 올바르게 진행하도록 촉구하는 발언입니다. 의사 진행 발언도 반드시 의장의 허락을 받아서 해야 합니다. 의장은 의사진행 발언이 타당하면 받아들여서 진행하고 타당하지 않으면 계속 회무를 진행하면 됩니다.
2. 규칙 발언 : 의사진행은 규칙(회칙)에 따라 적법한 절차에 의해서 진행되어야 합니다. 그러나 그렇지 못할 경우, 규칙대로 의사진행을 하도록 일깨워 주는 발언입니다. 회의를 진행하는 지도자는 회의법을 잘 숙지하고 있어야 합니다.
3. 발언권 신청과 승인 : 모든 발언은 반드시 의장에게 신청하여야 하고 의장의 허락이 있어야 합니다. 다른 사람이 발언하고 있는 중에는 발언권을 신청할 수 없습니다. 회원이 발언하고 있을 때 "의장!" 하면서 소리를 지르는 것은 무례한 행동입니다.

4. 발언 횟수와 시간 : 규칙에 발언 횟수에 관한 규정이 있으면 그것을 따르면 됩니다. 그러나 규칙에 나와 있지 않을 경우, 의장이 "모든 회원은 하나의 의안에 대해서 1회 혹은 2회에 한하여 발언할 수 있습니다"라고 공지해야 합니다. 특별한 찬반 토론이 있을 때, 찬성 측 2~3인, 반대 측 2~3인으로 발언하게 하고 결의 과정을 진행할 수 있습니다.
5. 의제에서 벗어난 발언 : 회원이 의제 이외의 발언이나 회의를 지연시키는 발언, 명예를 훼손하는 발언, 다른 사람을 모욕하거나 사생활에 대한 신상발언은 의장의 직권으로 중지시켜야 합니다.[173]

회장의 권한

교회에서의 모든 회의는 성경의 가르침대로 상호 존중과 사랑의 마음으로 진행해야 합니다. 회장의 권한은 다음과 같습니다.

1. 회원으로 회칙을 지키게 하고 회석의 질서를 정돈합니다.
2. 개회, 폐회를 주관하고 순서대로 회무를 지도합니다.
3. 잘 의논한 후 신속한 방법으로 안건을 처리하여야 합니다.

4. 각 회원이 다른 회원의 언권을 침해하지 못하게 합니다.

5. 회장의 승낙으로 언권을 얻은 후에 발언하게 합니다.

6. 의안(議案) 범위 밖으로 탈선하지 않게 합니다.

7. 회원 간에 모욕 혹은 풍자적인 말, 무례한 말을 금합니다.

8. 회무 진행 중에 퇴장을 금합니다.

9. 가부를 물을 의제(議題)는 회중에게 밝히 설명한 후에 가부를 표결합니다.

10. 가부 동수인 때는 회장이 결정하고(이 경우는 회장이 사전에 투표하지 않아야 한다.) 회장이 이를 원하지 않으면 그 안건은 자연히 부결됩니다.

11. 회장은 매 안건에 결정을 공포합니다.

12. 특별한 일로 회의 질서를 유지할 수 없는 경우, 회장이 비상 정회를 선언할 수 있습니다.[174]

의안 처리의 원칙

의안을 처리하는 데는 원칙이 있습니다. 이것을 알아야 회의를 원만하고 신속하게 진행할 수 있습니다.

1. 일의제(一議題) 원칙 : 안건을 심의할 때 의장은 심의할 의안이 2개 이상이면 1개 안건씩 심의하여 결의하여야 합

니다.
2. 일사부재리(一事不再理) 원칙 : 회기 중에 부결된 의안은 동일 회기 내에서 다시 발의·심의하지 못한다는 원칙으로, 회의의 원활한 운영의 방해를 방지하는 데 그 목적이 있습니다. 단 재론 동의가 규정에 있을 경우에는 규정된 사안에 대해서 일사부재리 원칙을 넘어 예외적으로 재론할 수 있습니다.
3. 유안건(留案件) 우선의 원칙 : 전 회기에서 유안건으로 남긴 안건은 신 회기에서 신 안건을 다루기 전에 우선적으로 치리해야 합니다.
4. 회기 불계속(不繼續)의 원칙 : 회기 중에 상정된 안건은 그 회기 중에 다루지 않으면 다음 회기로 그 안건이 넘어가지 않고 자동적으로 폐기됩니다.
5. 후 회기 결의 우선의 원칙 : 전(前) 회기의 결의와 후(後) 회기의 결의가 상충 모순될 때 후 회기의 결의가 우선합니다.[175]

안건(의안) 결의 과정
동의가 된 안건은 토론 후 총의(總意)에 의해 표결하여 결의합니다.

1. 재청과 전포(傳布) : 안건은 동의와 재청을 받은 후 가부를 물어 처리합니다. 의장은 동의가 있으면 반드시 재청을 물어야 합니다. "재청이 있습니까?" 이것을 전포(傳布)라고 합니다. 의장이 묻기도 전에 회원들이 "재청합니다"라고 했을지라도 의장은 "예, 재청 있습니다"라고 해야 합니다. 그리고 가부를 물어 결의해야 합니다. 만일 회원 중에 "아니오"라고 말한 사람이 있다면, 그것이 다음 항에 나오는 개의가 아니고 원안에 대해 반대하는 것이라면, 당황하지 말고 "그러면 거수로 결의하겠습니다"라고 말합니다. 그런 후 "'아니오'라고 생각하시는 분들은 손을 들어주시기 바랍니다"라고 말하고 계수하고, 이어서 "기권하시는 분들은 손을 들어주시기 바랍니다"라고 하고 계수합니다. '아니오'와 '기권'을 합하여 과반수를 넘지 못하면 다음과 같이 공포합니다. "○○ 안건은 가결되었습니다."

2. 동의, 개의 및 표결 : 안건에 동의와 재청을 받은 후 안건 전체를 반대하는 것이 아니라 일부 내용을 변경하는 제안을 할 수 있습니다. 그것이 개의입니다. 재개의도 개의의 부수적 조건만 변경하는 것입니다. 개의와 재개의 역시 재청까지 받아야 성안이 됩니다. 성안이 되면 '재개의

→ 개의 → 동의' 순으로 찬성자를 거수하여 표결(表決: 의안에 대해 가부로 결정함)합니다. 단, 안건에 따라 규칙(회칙)에 무기명 비밀 투표로 하도록 되어 있으면 무기명 비밀 투표로 표결해야 합니다.

3. 표결의 방법 : 의안을 가부로 결정하는 표결의 방식은 다음과 같습니다.

① 약식표결 : 국회 회의법에서는 별도의 규정이 없으면 이 방법을 사용합니다. 토론 후 의장이 "이의 있습니까?"라고 물었는데 응답이 없는 경우 이의가 없는 것으로 간주하여 "가결되었습니다"라고 선포합니다. 이때 "이의 있습니다"라고 응답이 나오면 의장은 가부를 묻고 필요시 거수를 통하여 표결합니다.

② 구두표결 : 의장이 가부를 묻기 위해 "찬성하시면 예 하시기 바랍니다"라고 할 때 "예"라고 답하는 회원이 있는 반면에 "아니오"라고 답하는 회원이 있으면, 청중 소리의 강약에 따라 다수라고 생각하는 쪽에 가부 결정을 선포하는 경우가 있습니다. 이것이 구두표결입니다. 그러나 이 방법은 분쟁의 씨앗이 될 수 있습니다. 구두표결은 만장일치 때만 사용하는 것이 현명한 방법입니다.

③ 거수표결 : 가장 확실한 표결 방식으로 모든 다툼을 해결할 수 있습니다. 회원들이 앉아서 손을 들어 찬반을 표시하여 표결하는 방식입니다. 이때 서기가 수를 세어 의장에게 보고해야 합니다.

④ 기립표결 : 일어서는 것으로 찬반에 대한 의사를 표결하는 방법입니다.

⑤ 무기명 비밀 투표 : 지정된 투표용지에 찬성과 반대를 표시해서 결정짓는 방법입니다. 투표자의 비밀 유지가 필요한 경우 이 방법을 사용합니다.

4. 표결의 공포 : 표결 공포 전에 반드시 "투표를 종료하겠습니다"라고 하여야 합니다. 표결을 공포할 때 의장은 먼저 의결정족수를 확인하여 공포하여야 합니다. 의결정족수에 대한 별도의 규칙이 없는 경우에는 과반수 찬성으로 가결합니다. 그러나 규칙에 재적 회원, 출석 회원, 투표수라는 기준이 명시되어 있으면 그 규칙에 따라야 합니다. 공포 전에 의장은 반드시 "표결 결과를 공포하겠습니다"라고 하고 공포해야 합니다. 표결 결과 발표는 폐회 전에 해야 합니다.[176]

남전도회 회의 예시

1. 개회 예배

   의장이 성경을 봉독하고 말씀을 전한 후 주기도문으로 마칩니다.

2. 개회 선언

   의장 : 서기 ○○○ 집사, 회원 호명을 해 주시기 바랍니다.

   서기 : 회원 호명을 생략하고 출석 회원을 확인한 결과 ○○○명이 출석하였습니다.

   의장 : ○○○명 출석으로 ○○월 월례회 개회를 선언합니다.

3. 회순 채택

   의장 : 서기께서는 회순을 보고해 주시기 바랍니다.

   서기 : 오늘 월례회는 ①개회 선언 ②회순 채택 ③전 회의록 낭독 ④보고 사항 ⑤심의 사항 ⑥기타 사항 ⑦폐회 선언 순으로 진행합니다.

   의장 : 회순 채택에 이의 있습니까? 이의 없으므로 서기가 보고한 회순대로 채택되었습니다.

4. 전 회의록 낭독

   의장 : 회록 서기께서는 전 회의록을 낭독해 주시기 바랍니다.

   회록서기 : 전 회의록을 낭독하겠습니다. ….

의장 : 전 회의록을 낭독했습니다. 어떻게 할까요?(동의, 재청, 가부를 묻고 혹시 수정할 것이 있다고 하면 동의, 재청, 가부를 물어 수정한다.)

5. 보고 사항

　의장 : 회순에 따라 이번에는 보고 사항입니다. 먼저 회계 보고부터 받겠습니다. 회계 나오셔서 보고해 주시기 바랍니다.

　회계 : 유인물을 참고해 주시기 바랍니다.

　회원 : (보고를 다 받은 후에 동의 재청이 있을 수 있고, 유인물대로 받는 동의 재청이 있을 수 있다.)

　의장 : 동의 있습니까? (동의합니다.) 재청 있습니까? (재청합니다.) 동의와 재청이 있습니다. 가하시면 예 하십시오. 아니면 아니라 하십시오. 회계 보고를 받기로 가결되었습니다. (혹은 질문이 있으면 그에 신실하게 답한다.) 이어서 서기 나오셔서 지난달 사업 보고를 해 주시기 바랍니다.

　서기 : (지난 달 사업보고를 한다.)

　의장 : (회계 보고처럼 진행한다. 질문이 있으면 신실하게 답변하면서 진행한다.)

6. 심의 사항

의장 : 서기 나오셔서 오늘 결의해야 하는 안건을 상정해 주시기 바랍니다.

서기 : 오늘 토의하여 결의해야 할 안건은 사업계획으로 다음과 같습니다. 1. …. 2 …. 3 ….

의장 : 오늘 안건 상정 이의가 없으면 하나하나 토론하여 가결하도록 하겠습니다.

7. 기타 사항

의장 : 기타 사항입니다. 오늘 신입회원을 소개하는 시간을 갖겠습니다.

8. 회의록 낭독 채택 및 폐회

의장 : 오늘 결의 내용에 대한 회의록을 채택하는 시간을 갖겠습니다. 어떻게 할까요?

회원 : 회의록 채택은 의장과 서기에게 위임하기로 하고 폐회하기로 동의합니다.

의장 : 이의 있습니까? 없으시면, 재청이 있습니까? 가하시면 예 하십시오. 아니면 아니라 하십시오. 회의록 채택은 의장과 서기에게 위임하기로 하고 폐회가 가결되었습니다.

9. 폐회 선언

의장 : ○○월 월례회가 폐회되었음을 선언합니다. ○○○

집사님, 폐회기도 해주십시오.[177)]

남전도회 회의록 예문
1. 개회 예배

○○○○년 ○○월 ○○일 오후 4시에 회장 ○○○ 집사의 사회로 찬송가 303장을 찬양한 후 ○○○ 집사가 기도하다. 그 후 회장이 갈라디아서 6:1-4 말씀을 통해 '서로 짐을 지라'는 제목으로 말씀을 전한 후 주기도문으로 마치다.

2. 개회 선언

동일 오후 4시 30분에 남전도회 서기가 출석 인원을 의장에게 보고하니 의장은 ○○명의 출석으로 개회를 선언하다.

3. 회순 채택

회순 채택으로 ①개회 선언 ②회순 채택 ③전 회의록 낭독 ④보고 사항 ⑤심의 사항 ⑥기타 사항 ⑦폐회 선언 순으로 진행키로 하다.

4. 전 회의록 낭독

회록 서기가 전 회의록을 낭독하니 그대로 받기로 하다.

5. 보고 사항

회계가 재정을 보고하니 총수입 (   )원, 총지출 (   )원,

잔액 (　)원을 보고하니 첨부와 같이 받기로 하다. (회원들에게 나누어준 유인물을 회의록에 반드시 첨부한다.)

6. 심의 사항

서기로 하여금 상정할 안건을 보고하니, 1. ⋯. 2 ⋯. 3 ⋯. 동의와 재청으로 성안한 후 1. ⋯. 2 ⋯. 3 ⋯ 을 결의하다.

7. 신입 회원

의장이 당회의 교인 등록으로 확정한 신입 회원 ○○○, ○○○ 씨를 회원으로 받기로 만장일치로 가결하다.

8. 폐회 선언

의장이 폐회 동의, 재청, 가부를 물어 폐회를 선언하니 동일 ○○시 ○○분이더라.[178]

미주

1 Timothy J. Keller, *Resources for Deacons*, 조수아 옮김, 『팀 켈러, 집사를 말하다』 (서울: 사단법인 두란노서원, 2023), p. 21. 이 책의 서문에 웨스트민스터 전 총장 조지 풀러가 한 말입니다.
2 위의 책, p. 27.
3 Benjamin L. Merkle, *40 Questions About Elders and Deacons*, 최동규 옮김, 『장로와 집사에 관한 40가지 질문』 (서울: CLC, 2012), pp. 385-386.
4 이만규, 『집사, 그 자랑스러운 봉사』 (경기도 고양: 비전북, 2021), pp. 29-30. 참조.
5 Walter Bauer, *A Greek-English Lexicon of the New Testament and Other Early Christian Literature* (Chicago: The Univ. of Chicago Press, 1979), p. 184.
6 『헌법』 (서울: 대한예수교장로회 출판부, 2018), p. 161.
7 Robert Young, *Young's Analytical Concordance to the Bible* (Nashville: Thomas Nelson, Publishers, 1982), p. 198.
8 F. F. Bruce, *The New International Commentary on the New Testament: The Book of the ACTS* (Grand Rapids: Wm. B. Eerdmans Publishing Co, 1986), p. 130.
9 박용규, 『한국기독교회사』, 제2권 (서울: 한국기독교사연구소, 2017, 2판, 2쇄), pp. 62-63, 65. 69, 71-72. 독노회란 하나의 노회라는 뜻으로서, 총회가 구성되기 이전에 대한예수교장로회는 하나의 노회만 있었기에 그것을 독(獨)노회라고 부릅니다. 독노회 이전 1893-1900년까지를 선교사 공의회 시대라고 부릅니다. 선교사들이 전국교회를 치리할 때입니다. 1901-1906년까지는 장로회 공의회 시대라고 부릅니다. 아직 한국인 목사가 배출되지는 않았지만, 한국인 조사와 장로, 영수가 선교사들과 함께 치리하던 시대입니다. 1907-1911년까지는 독노회 시대라고 부릅니다. 1907년 평양신학교 졸업생 7명이 처음으로 목사 안수를 받고 목사 노회원이 됩니다. 한국 목사와 선교사 목사가 한국 장로들과 함께 노회를 조직한 것입니다. 독노회 아래 7개의 대리회(소회라고도 함)가 구성되어 있었습니다. 1907년 9월 17일 오전 9시, 한국인 장로 36명, 선교사 33명, 찬성 위원 9명, 합 78명의 회원이 모인 가운데 평양의 장대현교회에서 역사적인 '대한예수교장로회 노

회'가 조직되었습니다. 바로 9개월 전 한국교회에 놀라운 성장을 점화시킨 그 역사적 현장에서 이 민족을 대변하는 독립된 민족교회가 태동된 것입니다. … 첫 노회에서 평양신학교 제1회 졸업생인 서경조, 한석진, 양전백, 방기창, 길선주, 이기풍, 손인서가 목사로 장립 받았습니다. … 독노회가 결성되면서 한국장로교회는 소위 12신조로 알려진 장로교 신앙에 기초한 신앙고백을 채택했습니다. 드디어 1912년 9월 1일 노회에서 파송한 목사 총대 96명(목사 52명, 선교사 44명), 장로 125명, 도합 221명의 총대들이 참석한 가운데 평양 경창리에 있는 여자성경신학원에서 역사적인 '조선예수교장로회 총회'가 결성되었습니다. … 미국 장로교회의 경우 1706년 노회가 결성되고 82년 만인 1788년에 총회가 결성된 것으로 미루어 볼 때 한국장로교회가 노회 결성 5년 만에 총회를 조직한 것은 대단히 빠른 것이었습니다. 이는 부흥운동의 결과로 교회가 급속도로 성장했기 때문이었습니다. 『대한예수교장로회 독노회록 PDF』, p. 178.
10 『대한예수교장로회 독노회록 PDF』, p. 48.
11 위의 PDF, p. 77.
12 위의 PDF, p. 111.
13 위의 PDF, p. 153.
14 대한예수교장로회총회, 『새표준예배·예식서』 (서울: 대한예수교장로회총회 출판부), p. 91. 최근 발간된 총회 표준예배와 예식서에도 임직 시 서약에 "교회의 안수집사 직분을 받고"라고 표현하고 있습니다.
15 양현표, 『교회를 살리는 탁월한 직분자』(서울: 도서출판 솔로몬, 2023), p. 15.
16 There is a God shaped vacuum in the heart of every man which cannot be filled by any created thing, but only by God, the Creator, made known through Jesus. https://www.goodreads.com/quotes/801132-there-is-a-god-shaped-vacuum-in-the-heart-of-each
17 F. F. Bruce, *The New International Commentary on the New Testament: The Epistles to the Colossians to Philemon and to the Ephesians*, (Grand Rapids: Wm. B. Eerdmans Pub. Co., 1984), p. 275.
18 위의 책, p. 499.

19　위의 책, p. 169.
20　L. Berkhof, *Systematic Theology* (Grand Rapids: Wm. B. Eerdmans Publishing Company, 1976), p. 565. The Church in the present dispensation is a militant Church, that is, she is called unto, and is actually engaged in, a holy warfare. … If the Church on earth is the militant Church, the Church in heaven is the triumphant Church. There the sword is exchanged for the palm of victory, the battle-cries are turned into songs of triumph, and the cross is replaced by the crown.
21　Walter Bauer, 위의 책, p. 366.
22　위의 책, p. 575.
23　위의 책, p. 365.
24　Thomas Sheldon Green, *A Greek-English Lexicon to the New Testament* (Grand Rapids: Zondervan Publishing House, 1970), p. 60.
25　Kyle Idleman, *gods at war*, 배웅준 옮김, 『거짓 신들의 전쟁』 (서울: 규장, 2013), p. 111.
26　위의 책, p. 135.
27　위의 책, pp. 165-168.
28　위의 책, p. 206.
29　위의 책, p. 229.
30　위의 책, p. 255.
31　위의 책, p. 299.
32　위의 책, p. 322.
33　위의 책, pp. 347-348.
34　안수현 지음, 이기섭 엮음, 『그 청년 바보의사』 (서울: 아름다운사람들, 2018), pp. 270-276.
35　Walter Bauer, 위의 책, p. 556.
36　정호승, 『당신이 없으면 내가 없습니다』 (서울: 해냄출판사, 2014), p. 186.
37　Walter Bauer, 위의 책, p. 670.

38 석명규, "한국장로교 12 신조와 개혁교회 신앙고백," 『알깨바를 외치자』 (전주시: 홍디자인, 2021), pp. 198-199, 202-203, 205-206. '12신조'는 1905년 한국교회 초기에 신앙고백을 만들 필요성을 느끼고, 1907년 장로교 최초 목사 7인(서경조, 한석진, 송린서, 양전백, 방기창, 길선주, 이기풍)을 안수하고 '대한예수교장로회 독노회'를 조직할 때 '인도 장로교회 12신조'를 바탕으로 우리의 12신조를 작성하여 채택한 것입니다. 인도 12신조에 없는 것은 서약자에 집사를 목사, 강도사, 장로 다음으로 포함하고 있는 것입니다. 또한 인도 12신조에는 도르트신조와 웨일즈 칼빈주의 신경을 포함하였으나 그것을 빼고 오직 웨스트민스터 신앙고백과 대소요리문답만을 강조하였습니다. 한국 선교사로 활동하고 웨스트민스터신학교 선교학 교수였던 간하배(Harvie M. Conn) 교수는 한국장로교 12신조에 대해 "이 신앙고백은 철저한 칼빈주의적 경향을 지닌 12개 조항으로 이루어졌다"라고 말했습니다. 12신조의 구성을 살펴보면, 제1조 성경론, 제2-5조 신론, 제6조 인간론, 제7조 기독론, 제8조 구원론, 제10-11조 교회론, 제12조 종말론을 포함하고 있습니다. 즉 조직신학 전체의 내용을 요약하여 기록하고 있으면서도 신학적 논쟁에 휘말리지 않고, 개혁신학의 정체성을 지키면서 포용하여 나갈 수 있도록 작성되었습니다.

39 대한예수교장로회총회, 『헌법』 (서울: 대한예수교장로회총회 출판부, 2018), pp 21-22.

40 석명규, 위의 책, p. 177.

41 장차남, 『한국교회 목회 현장을 말한다』 (서울: 대한예수교장로회총회 출판부, 2009), p. 232.

42 석명규, 위의 책, p. 196. 웨스트민스터 대요리문답(총 196문)은 케임브리지 대학의 부총장이며 신학교수였던 안토니 티크니 박사(Dr. Anthony Tuckney)가 책임을 맡아 작성하였습니다. 백스터(Richard Baxter, 1615-1691) 목사는 "내가 본 것 중 최상의 요리문답이요, 기독교 신앙과 교리를 가장 잘 요약해 놓은 요리문답이며, 정통사상을 가르치고 있는지를 시험해보기에 가장 적합한 요리문답이다"라고 했습니다.

43 대한예수교장로회총회, 『헌법』, p. 59.

44 '가라'(포류덴테스, πορευθέντες), '세례를 베풀라'(밥티존테스, βαπτίζοντες), '가르치라'(디다스콘테스, διδάσκοντες)라는 세 분사는 주동사인 '제자를 삼으라'(마데튜사테, μαθητεύσατε)는 명령형과 연결됩니다. 세 분사는 주동사 '제자를 삼으라'의 과정을 설명합니다. 즉 제자로 삼기 위해서는 가야 하고, 세례를 베풀어야 하고, 가르쳐야 한다는 것입니다. 주동사가 명령법인데, 세 분사 역시 명령의 의미를 담고 있습니다. 즉 가라, 세례를 베풀어라, 가르쳐라, 이 세 가지의 과정이 지나고 제자로 삼으라는 것입니다. 한편 부정사 '지키게 하라'(테레인, τηρεῖν)는 '가르치라'(διδάσκοντες)를 수식합니다. 주님의 명령을 지키도록 가르치라는 것입니다. 주동사를 살려서 본문을 다시 해석하면 다음과 같습니다. "그러므로 너희는 가서(πορευθέντες), 아버지와 아들과 성령의 이름으로 세례를 베풀고(βαπτίζοντες), 내가 너희에게 분부한 모든 것을 지키도록(τηρεῖν) 가르쳐서(διδάσκοντες) 모든 민족을 제자로 삼아라(μαθητεύσατε). 내가 세상 끝날까지 너희와 항상 함께 있으리라 하시니라."

45 Thom S. Rainer, *I am a Church Member*, 김태곤 옮김, 『I am a Church Member』 (서울: 아가페북스, 2015), p. 29.

46 위의 책, pp. 39, 43.

47 지용근 외, 『한국교회 트렌드 2024』 (서울: 규장, 2023), p. 110.

48 위의 책, pp. 108, 110-111, 115, 124-125, 129.

49 위의 책, pp. 135, 138.

50 위의 책, pp. 141-142.

51 위의 책, pp. 148-149.

52 위의 책, pp. 152-153.

53 위의 책, pp. 153-154.

54 위의 책, p. 154.

55 하도례, "집사직의 범위와 중요성," 『교회 문제 연구』 2 (1981), p. 41. 재인용. 김헌수, "신약에서 가르치는 집사의 직분," 『성경에서 가르치는 집사와 장로』 (서울: 성약출판사, 2013), pp. 85-86.

56 Jennine E. Olson, *Deacons and Deaconesses Through the Centuries* (MO, Saint

Louis: Concordia Publishing House, 2005), pp. 21-22.

57   A possible etymological background of the verb διακονέω could be the combination δια(through) + κόνις (dust). Cf. Liddell, Scott and Jones, *Greek-English Lexicon*, sub κονέω, the simple verb: raise dust, i.e. hasten.

58   여기 '섬김을 받으려'와 '섬기려 하고'가 동사 '디아코네오'(διακονέω)의 수동태(디아코네데나이, διακονηθῆναι)와 능동태(디아코네사이, διακονῆσαι)로 사용되었습니다.

59   여기 '섬기는 자'가 두 번 나오는데 모두 '디아코네오'(διακονέω)의 분사형인 '디아코논'(διακονῶν)이 사용되었습니다.

60   김희보 『구약신학논고』 (서울: 예수교문서선교회, 1980), pp. 315-332. 고난받는 여호와의 종의 노래는 모두 네 편이 있습니다. 제1 고난받는 여호와의 종의 노래(사 42:1-9), 제2 고난받는 여호와의 종의 노래(사 49:1-9), 제3 고난받는 여호와의 종의 노래(사 50:4-11), 제4 고난받는 여호와의 종의 노래(사 52:13-53:12). 제4의 노래는 그 유명한 이사야 53장이 포함되어 있습니다.

61   "사람이 나를 섬기려면(디아코네오[διακονέω]의 가정법 동사 디아코네, διακονῇ) 나를 따르라 나 있는 곳에 나를 섬기는 자(디아코노스, διάκονος)도 거기 있으리니 사람이 나를 섬기면(디아코네오[διακονέω]의 가정법 동사 디아코네, διακονῇ) 내 아버지께서 저를 귀히 여기시리라"(요 12:26)

62   Darrell L. Bock, *Baker Exegetical Commentary on the New Testament: ACTS* (Grand Rapids: Baker Academic, 2007), p. 258. 재인용, 김헌수, "신약에서 가르치는 집사의 직분," p. 93. 당시 헬라파 유대인은 예루살렘 전체 인구의 10-20%를 차지하였습니다.

63   Benjamin L. Merkle, *40 Questions About Elders and Deacons*, pp. 358-359.

64   위의 책, pp. 359-360. 사도행전 6장에는 '디아코노스'라는 명사가 직접 사용되지는 않았지만, 2절에 '디아코네오'라는 동사가 사용되었습니다. 그루뎀은 "그 7인이 처음 책임을 맡게 되었을 때, '집사'라는 칭호가 아직 그

65 Thabiti M. Anyabwile, *Finding Faithful Elders and Deacons*, 전의우 옮김, 『충성된 장로와 집사를 찾아서』(서울: 국제제자훈련원, 2014), p. 26.

66 김현수, "신약에서 가르치는 집사의 직분," pp. 98-100.

67 헬라파 유대인 과부는 헬라어를 구사하는 유대인(Greek-speaking Jews) 과부이며, 히브리파 유대인 과부는 아람어를 구사하는 유대인(Aramaic-speaking Jews) 과부였습니다. 포로기 이후에는 아람어가 이스라엘의 공용어였습니다. 아람어는 히브리어와 유사합니다. 예수님도 아람어를 쓰셨습니다. "엘리 엘리 라마 사박다니"도 아람어입니다. '사바크'(버리다)라는 단어가 아람어에만 존재하기 때문입니다. 성경 히브리어에서 '버리다'는 '아자브'인데 시편 22편의 둘째 행에서 발견됩니다.(⋯ because of the verb שבק(šbq) "abandon", which exists only in Aramaic. The Biblical Hebrew counterpart to this word, עזב ('zb) is seen in the second line of the Old Testament's Psalm 22.) https://en.wikipedia.org/wiki/Eli_Eli_Lama_Sabachthani%3F

68 교부(敎父, church father), 교회의 아버지라고 합니다. 이들은 기독교의 교리를 확립하여 이단으로부터 교회를 지켜냈고, 박해에 대항하여 싸워 순교함으로 교회를 지켜냈습니다.

69 Jennine E. Olson, 위의 책, pp. 22-23.

70 위의 책, p. 26.

71 위의 책, pp. 28-30.

72 위의 책, p. 33.

73 위의 책, pp. 37-38.

74 위의 책, p. 51.

75 위의 책, pp. 91-92.

76 위의 책, pp. 107-108.

77 위의 책, pp. 123-124.

78 위의 책, pp. 126-127.

79 위의 책, pp. 128-129.
80 위의 책, p. 133.
81 위의 책, pp. 151-152.
82 위의 책, p. 155
83 잉글랜드 내전(영어: English Civil War, 1642-1651)은 잉글랜드 왕국의 왕당파와 의회파 간에 있었던 내전입니다. 1642년에서 1646년까지 있었던 첫 번째 내전과 1648년에서 1649년까지 있었던 두 번째 내전은 찰스 1세의 지지자들과 의회파 간의 내전이었고, 1649년에서 1651년까지 있었던 세 번째 내전은 찰스 2세의 왕당파와 의회파 간의 내전이었습니다. 1651년 9월 3일에 우스터 전투로 내전은 의회파의 승리로 끝났습니다. 내전의 결과 찰스 1세는 처형되었고 찰스 2세는 추방되었으며, 의회파는 잉글랜드 연방(1649-1653)을 구성하여 1653년에 올리버 크롬웰을 호국경으로 선출하였습니다. 잉글랜드 내전은 영국 정치에서 의회가 군주에 대항하는 첫 번째 사례가 되었고, 이후 1688년에 일어난 명예혁명에 영향을 주었습니다. 잉글랜드 내전은 왕당파에 대항하여 일어난 여러 전쟁 중 잉글랜드 내부의 사건만을 다루는 용어입니다. 스코틀랜드 왕국, 아일랜드 왕국과 같은 다른 왕국에서 일어난 전쟁들까지 포괄하여 다룰 때는 세 왕국 전쟁이라 부릅니다. 한편 잉글랜드 내전의 결과 수립된 잉글랜드 연방(잉글랜드 공화국)을 연속적으로 다룰 때는 흔히 청교도 혁명, 잉글랜드 혁명 등으로 부르기도 합니다. https://ko.wikipedia.org/영국_내전
84 Jennine E. Olson, 위의 책, p. 158.
85 위의 책, p. 175.
86 위의 책, pp. 195-196.
87 위의 책, pp. 205-207.
88 위의 책, p. 241.
89 위의 책, pp. 303, 305.
90 위의 책, p. 363.
91 Timothy J. Keller, *Resources for Deacons*, p. 63.
92 Jennine E. 위의 책, p. 379.

93 위의 책, p. 475.
94 황대식, 『좋은 집사 되게 하소서』 (서울: 생명의말씀사, 2022), p. 269.
95 Benjamin L. Merkle, *40 Questions About Elders and Deacons*, pp. 368-369.
96 김헌수, "신약에서 가르치는 집사의 직분," 『성경에서 가르치는 집사와 장로』, p. 102.
97 Benjamin L. Merkle, 위의 책 pp. 369-370.
98 김헌수, 위의 책, p. 103.
99 Gene A. Getz, *Elders and Leaders*, 김형원 옮김, 『직분론』 (서울: 도서출판 국제제자훈련원, 2007), p. 140.
100 위의 책, p. 140.
101 김헌수, 위의 책, pp. 105-106.
102 Benjamin L. Merkle, 위의 책, pp. 370-371.
103 위의 책, pp. 371-372.
104 John Calvin, *The Second Epistle of Paul the Apostle to the Corinthians and the Epistles to Timothy, Titus and Philemon* (Grand Rapids:Eerdmans, 1964), p. 229. 재인용. 김헌수, "신약에서 가르치는 집사의 직분," 『성경에서 가르치는 집사와 장로』, p. 108.
105 김헌수, 위의 책, p. 113.
106 Benjamin L. Merkle, 위의 책, pp. 372-372.
107 Gene A. *Getz, Elders and Leaders*, p. 143.
108 김헌수, 위의 책, p. 121.
109 『헌법』 (서울: 대한예수교장로회, 2018), p. 161.
110 Thabiti M. Anyabwile, *Finding Faithful Elders and Deacons*, p. 24.
111 Gerard Berghoef and Lester DeKoster, *The Deacons Handbook: A Manual of Stewardship*, pp. 115-116.
112 Thabiti M. Anyabwile, Finding Faithful Elders and Deacons, p. 28.
113 김윤경, "왜 피택되었다고 생각하십니까," 『알깨바를 외치자』, p. 23.
114 황대식, 『좋은 집사 되게 하소서』, pp. 274-275.
115 김헌수, 위의 책, pp. 125-126.

116　Ronnie Aitchison, *The Ministry of a Deacon* (Great Britain: Epworth Press, 2003), p. 58.
117　코넬리스 반 담, "집사로 섬기는 일의 몇 가지 원칙," 김헌수 편역, 『성경에서 가르치는 집사와 장로』, p. 31.
118　Timothy Keller, 위의 책, p. 26.
119　Ronnie Aitchison, 위의 책, p. 59.
120　Thabiti M. Anyabwile, *Finding Faithful Elders and Deacons*, p. 26.
121　코넬리스 반 담, "집사로 섬기는 일의 몇 가지 원칙," p. 33.
122　Ronnie Aitchison, 위의 책, p. 60.
123　위의 책, p. 40. I think that he should spend two thirds of his time in the church and one third in the community.
124　위의 책, p. 62.
125　위의 책.
126　이만규, 위의 책 (경기도 고양: 비전북, 2011), p. 67.
127　김병태, 『교회를 세우는 일하는 집사』 (서울: 도서출판 브니엘, 2022), pp. 78-70.
128　이만규, 『집사, 그 자랑스러운 봉사』, pp. 70-71.
129　Gerard Berghoef and Lester DeKoster, 위의 책, pp. 19-21.
130　위의 책, p. 26.
131　D. M. Lloyd-Jones, *ROMANS: An Exposition of Chapters 7:1~8:4 The Law: Its Functions and Limits*, 서문강 옮김 『로마서 강해』, 제4권 (서울: 기독교문서선교회, 1995, 11판), p. 378.
132　코넬디스 반 담, 위의 책, pp. 28-30.
133　Timothy J. Keller, 위의 책, pp. 78-81.
134　위의 책, pp. 89-91.
135　Newton, *Elders in Congregational Life*, p. 41. 재인용. Benjamin L. Merkle, 위의 책, p. 378.
136　Grudem, *Systematic Theology: An Introduction to Biblical Doctrine*, p. 919. 재인용. Benjamin L. Merkle, 위의 책, p. 379.

137 Mounce, *Pastoral Epistles*, WBC, p. 195. 재인용. Benjamin L. Merkle, 위의 책, p. 379.
138 Timothy J. Keller, 위의 책, p. 66.
139 위의 책, p. 24.
140 위의 책, p. 25.
141 위의 책, pp. 26-27.
142 Benjamin L. Merkle, 40 위의 책, pp. 380-381.
143 오정현, 『온전론』 (서울: 국제제자훈련원, 2023), pp. 370-371.
144 Tom and Kim Blackaby, *The Family God Uses*, 이명숙 옮김, 『하나님이 쓰시는 가정』 (서울: 미션월드, 2012), p. 85.
145 Gary Chapman, *The Five Love Languages*, 장동숙 옮김, 『5가지 사랑의 언어』 (서울: 생명의말씀사, 2003, 2판 1쇄), p. 32.
146 위의 책, p. 30.
147 Tom and Kim Blackaby, 위의 책, pp. 106-107.
148 Max Weber, *Die Protestantische Ethik und der Geist des Kapitalismus*, 박문재 옮김, 『프로테스탄트 윤리와 자본주의 정신』 (경기도 파주: 현대지성, 2020), p. 19.
149 위의 책, pp. 19-21.
150 위의 책, p. 23.
151 위의 책, p. 26.
152 『빛과 소금』, 2020년 12월호, 제114-123쪽.
153 Henry M. Morris, *The Genesis Record* (Grand Rapids: Baker Book House, 1977), p. 393. If Eliezer was still living(Genesis 15:2), then he doubtless was the man.
154 (ed.) J. D. Douglas, *New Bible Dictionary*, (Grand Rapids: Wm. B. Eerdmans Pub. Co., 1973), p. 910. Some scholars believe that the Onesimus known to Ignatius and described by him in his Epistle to the Ephesians as 'a man of inexpressible love and your bishop' was none other than the runway slave.

155 조영주, 『아덴만 여명작전, 현장 전투 실화』 (서울: 익투스, 2022), p. 173.
156 위의 책, p. 177.
157 위의 책, pp. 189-190.
158 위의 책, p. 230.
159 위의 책, p. 234.
160 위의 책, pp. 236-237.
161 위의 책, pp. 240-249.
162 네덜란드 개신교 사상가인 아브라함 카이퍼 박사(1837-1920)는 19세기 후반과 20세기 초반 네덜란드에서 매우 영향력 있는 학자이자 목회자, 교육행정가였으며 언론인이자 정치가였습니다. 네덜란드 최초의 정당인 반혁명당과 암스테르담 자유대학교 그리고 개혁교회를 창설했습니다. 그는 10개의 머리와 100개의 손을 가진 사람이라고 불릴 만큼 천재적이고 위대한 사상가이자 실천가였습니다. 그의 사상은 일반은총론과 영역주권 사상으로 대표되며, 프랑스 혁명의 무신론 정신에 맞서 기독교 세계관에 입각한 반혁명적 정치 운동을 펼쳤습니다. 카이퍼 박사는 1837년 네덜란드의 항구 도시 마아슬라이스에서 목회자의 아들로 태어났습니다. 1862년 25세에 레이던 대학에서 '존 칼빈과 존 아라스코의 교회론 비교연구'로 박사학위를 받았고, 1867년 우트레흐트교회에서 3년, 1870년 암스테르담 교회에서 4년간 목회했습니다. 1874년 37세에 하우다 지역에서 하원의원에 당선되었고, 1878년 41세에 반혁명당 당수가 되었습니다. 1880년 43세에는 암스테르담 자유대학을 설립했습니다. 1892년에 네덜란드 개혁교회를 설립했으며, 1901년 64세에 네덜란드 수상이 되어 1905년까지 국가경영의 책임을 다했고, 1916-1917년에 『반혁명국가학』(*Antirevolutionaire Staatkunde*)을 집필했습니다. 그리고 3년 후 1920년 83세에 헤이그에서 주님의 품에 안겼습니다.
163 Abraham Kuyper, *Antirevolutionaire Staatkunde*, 최용준•임경근 옮김, 『반혁명국가학』, 제1권 (서울: 국제제자훈련원, 2023) pp. 288-291.
164 대한예수교장로회총회, 『새표준예배·예식서』, p. 91.
165 개혁신학의 광대한 내용을 기억하기 쉽도록 2023년 9월 총신대학교 신

학과 및 신학대학원 보직 교수가 함께 요약한 것입니다.

166 R. C. Sproul, *Truths We Confess*, 이상웅·김찬영 공역, 『웨스트민스터 신앙고백 해설』 (서울: 부흥과개혁사, 2017), p. 7. 중요한 개혁신학자인 R. C. 스프로울은 "나는 웨스트민스터 표준문서들이 지금까지 일종의 신조적 형식으로 제시된 성경적 기독교의 가장 명확하고 정확한 요약들이라고 주장하고자 한다. 벨직 신앙고백서, 하이델베르크 교리문답, 스코틀랜드 신앙고백서와 그 이외의 다른 신앙고백서들과 같은 그러한 신조들도 매우 존중한다. 그러나 어떤 역사적 신앙고백서도 그 표현과 위풍과 신학적 정확성에서 웨스트민스터 신앙고백서를 능가하지 못한다고 나는 판단하고 있다."라고 말했습니다.

167 One structure for prayer is given by the acronym "ACTS", representing adoration, confession, thanksgiving and supplication (or intercession.) http://www.prayerguide.org.uk/actsmodel.htm#google_vignette

168 http://www.prayerguide.org.uk/actsmodel.htm#google_vignette

169 윈스턴 후이징아, "자비의 봉사를 하는 집사," 『성경에서 가르치는 집사와 장로』, p. 156.

170 Timothy J. Keller, 위의 책, pp. 125-126.

171 위의 책, pp. 74-76.

172 소재열, 『교회 표준 회의법』 (경기 고양: 브엘북스, 2019), pp. 93-98.

173 위의 책, pp. 113-118.

174 위의 책, p. 119.

175 위의 책, pp. 125-130.

176 위의 책, pp. 131-152.

177 위의 책, pp. 331-336.

178 위의 책, pp. 336-337.

저자 | 박성규 목사

총신대학교 기독교교육학과와 신학대학원을 졸업하고, 연세대학교 연합신학대학원에서 신학석사, 미국 풀러신학대학원에서 목회학박사 학위를 받았다. 내수동교회 대학부 전도사, 육군 군목, 미국 남가주사랑의교회 선임 부목사, 나성한미교회 담임목사, 부산 부전교회 담임목사를 역임했다. 현재는 총신대학교 제22대 총장으로 섬기고 있다. 저서로는 『챔피언』, 『믿음은 물러서지 않는다』, 『종교개혁의 핵심 가치』, 『벽 앞에서』, 『사도신경이 알고 싶다』, 『주님이 꿈꾸신 그 교회』, 『평신도훈련 성장반』, 『참된 장로』, 『참된 권사』, 공저로는 『종교개혁은 제자훈련으로 시작된다』, 『한국교회를 빛낸 칼빈주의자들』, 『격차의 시대, 격이 있는 교회와 목회』 등이 있다.

교회를 세우는
직분자 시리즈

참된 집사

초판 발행 2024년 4월 30일
초판 3쇄 2025년 1월 31일

지은이 박성규
발 행 익투스
출판 감수 제108회기 출판부 임원(이규섭·이성배·배원식·강희섭)

기획 오은총
편집책임 조미에 마케팅책임 김경환
경영지원 임정은 마케팅지원 박경헌 김혜인
유통 박찬영 김승은 제작·홍보 최보람 안승찬

주소 서울시 강남구 영동대로 330
전화 (02)559-5655~6 팩스 (02)6940-9384
인터넷 서점 www.holyonebook.com
출판등록 제2005-000296호
ISBN 979-11-86783-54-2

ⓒ 2024, 익투스
* 잘못된 책은 바꾸어 드립니다.

값 16,000원